DER GROSSE BAUHERREN RATGEBER

© 1999 Compact Verlag München
Redaktion: Katharina Happ
Redaktionsassistenz: Patrizia Gargiulo
Umschlaggestaltung: Inga Koch
Umschlagfoto: Fingerhut Haus, Neunkhausen
Produktionsleitung: Uwe Eckhard
ISBN 3-8174-2109-5

In Zusammenarbeit mit den Allianz-Gesellschaften

Inhaltsverzeichnis

Vom Entschluß zur Entscheidung
So können Sie bauen oder kaufen

1. Neu oder Alt 5
2. Haus oder Eigentumswohnung..................... 5
3. Ein- oder Mehrfamilienhaus......................... 6
4. Die Haustypen... 7
5. Die Herstellungssysteme............................... 8
6. Energiesparende Fertighäuser 9
7. Auf das Bausystem kommt es an.................. 13
8. Vom Keller bis zum Dach:
   ein Bausystem 13

Hoher Wärmeschutz ohne Zusatzdämmung
Porenbeton dämmt mit Luft statt mit Chemie 14

Ihr optimales Finanzierungspaket
So können Sie von Anfang an ein kleines Vermögen sparen

1. Die zehn goldenen Regeln der Baufinanzierung.. 16
2. Woher das Geld zum Bauen?....................... 16
3. Die Kostenermittlung 20
4. Der persönliche Kreditbedarf 21
5. Wo gibt es »billiges« Baugeld...................... 22
6. Zu beachten: Kreditbedingungen................. 24
7. Keditangebote im Vergleich 26
8. Der Finanzplan 27
9. Umschuldung und Ablösung 28
10. Die Notargebühren 30
11. Belastung und Abschreibung 31

Bauland ist knapp
So können Sie ein Grundstück finden und beurteilen

1. Neun Wege zum richtigen Grundstück........... 34
2. Die Ortsbesichtigung.................................... 36
3. Der Bebauungsplan 38
4. Der Flächennutzungsplan............................. 39

Ein Dach über dem Kopf
Der Dachstein – wirtschaftlich und umweltverträglich 40

Ausbau mit Gipsplatten
Flexibel, platzsparend und kostengünstig

1. Der trockene Ausbau erobert den Wohnungsbau .. 42
2. Warum trocken ausbauen? 42

Inhalt

Individuelles Planen und Gestalten
So können Sie Haus und
Wohnung systematisch entwerfen

1. Planungsvorbereitung und Bauphysik 44
2. Baukosten und Haltbarkeit 45
3. Treppenvariationen 46
4. Wärmedämmung 47
5. Preiswert und ökologisch bauen mit
   dem klassischen Wandbaustoff Ziegel 48

Heizen mit System
Maßgeschneiderte Lösungen für
jeden Bedarf

1. Innovative Heizsysteme 50
2. Innovative Brennertechnologie 52
3. Regelsystem Logamatic 4000 53
4. Warmwasserkomfort für jeden Bedarf 54
5. Heizen mit Vernunft 56
6. Moderne Heizungsregelung 60
7. Neue Heizung? Dann Öl! 62

Mit Liebe zum Detail
So können Sie behaglich wohnen

1. Ermittlung des Raumbedarfs 65
2. Kostengünstige Planungspunkte 66
3. Türsysteme und ihre Sicherheit 69
4. Wasser und Energie sparen 72
5. Energiespartips 74
6. Ausnutzung der Sonnenenergie 75
7. Die Gruppierung der Räume 76

8. Die Grundrißgestaltung 76
9. Die Fassadengestaltung 77
10. Einplanung eines Schutzraums 80
11. Einbau einer Sauna 81
12. Eine tolle Sache: Das Schwimmbad 82

Sicherheit rund um die Uhr
So können Sie sich vor Risiken schützen

1. Schutz vor ungebetenen Besuchern 84
2. Unfallverhütung und Unfallversicherung 86
3. Die wichtigsten Versicherungen 87

Bauleistungen sind überprüfbar
So können Sie kontrollieren,
überwachen und eingreifen

1. Vorbereitung, Hilfsmittel und
   Grundsätze 98
2. Ihre Partner am Bau 99
3. Prüfliste Auftragsvergabe 101
4. Die Terminkontrolle 102
5. Arbeitsabforderung und Verzugssetzung 103
6. Die Gewerkelisten 104
7. Die Rechnungskontrolle 117

Kleine Mängel gibt es immer
So können Sie Schwierigkeiten ausräumen

1. Die Bauabnahme 118
2. VOB und BGB regeln die Gewährleistung 119

Herstelleradressen 120

Vom Entschluß zur Entscheidung

So können Sie bauen oder kaufen

1. Neu oder Alt

Wenn Sie sich zu einem **Hauskauf** entschließen, weil Sie die Mühen und den Ärger eines Bauherrn scheuen, weil Sie möglichst rasch zu eigenen vier Wänden kommen möchten – aus welchen Gründen auch immer –, dann sollten Sie auch den Kauf eines Hauses aus zweiter Hand in Erwägung ziehen. Ein **Altbau** kann auch einen wesentlich reizvolleren Wohnwert haben als ein für Sie erschwinglicher Neubau.

In der Regel haben Sie folgende Vorteile:
- Sie zahlen weniger als für vergleichbare Neubauten.
- Sie können Reparaturen und Modernisierungen, die nicht unbedingt nötig sind, Ihren finanziellen Möglichkeiten zeitlich anpassen.
- In vielen Fällen werden Umbau- und Modernisierungsvorhaben staatlich gefördert.
- Je größer ein solches Objekt ist, desto günstiger ist sein Preis; Sie können sich mit anderen Interessenten zusammentun und das Objekt später dann in einzelne Wohnungen aufteilen.

Worauf Sie achten sollten:
- Für versteckte Mängel ist der Verkäufer nicht haftbar zu machen; besichtigen Sie daher die Sie interessierenden Objekte stets in Begleitung eines Fachmannes – er sieht mehr als Sie, und er weiß, wo man abklopfen, nachtasten oder hineinleuchten sollte.
- Auf die Bausubstanz kommt es an; als weniger gute Jahrgänge in dieser Hinsicht gelten z. B. Gebäude aus den 50er und den frühen 60er Jahren. Altbauten bis zum 1. Weltkrieg dagegen sind fast immer grundsolide.
- Die Haltbarkeit von Installationen hängt mit von dem jeweiligen Rohrwerkstoff ab. Bei Rohren aus Stahl bzw. verzinktem Stahl ist von ca. 35 Jahren und bei Kupferrohren von ca. 70 Jahren auszugehen. Sie sollten vor dem Kauf genauer abschätzen, wann Erneuerungen fällig werden.
- Wenn das Haus unter Denkmalschutz steht, ist das nicht unbedingt ein Nachteil, da Sie Anspruch auf staatliche Förderung zur Erhaltung des Gebäudes anmelden können; allerdings müssen Sie strenge Auflagen einhalten.
- Prüfen Sie, wie es mit der Bebauungs- und Verkehrsplanung der Gemeinde aussieht. Sie wollen schließlich nicht nach ein paar Jahren an einer Hauptverkehrsstraße wohnen oder durch ein in der Nähe angesiedeltes Industriegebiet belästigt werden.

2. Haus oder Eigentumswohnung

Am leichtesten kommen Sie zu Ihren eigenen »vier Wänden«, wenn Sie eine **Eigentumswohnung** kaufen. Das muß nicht unbedingt billig sein, kann aber genau dem entsprechen, was einerseits Ihren Anforderungen an Wohn-

Vorentscheidungen

lage, Umfeld und Komfort entspricht und andererseits mit Ihren finanziellen Möglichkeiten in Einklang zu bringen ist.

Was Sie beachten sollten:
- Mit dem »Festpreis« kann es Überraschungen geben. Prüfen Sie genau, was er abgilt; es sind im allgemeinen nicht »Extras«, auf die man notfalls auch verzichten könnte, die zusätzliche Kosten verursachen; sondern beispielsweise werden die anteiligen Erschließungskosten oft separat berechnet, was Ihre Finanzplanung ganz schön durcheinander bringen kann.
- Es entstehen Ihnen laufende Kosten an Einrichtungen, die Ihnen nicht allein gehören; solches »Gemeinschaftseigentum« sind z. B. das Dach, das Treppenhaus, die Außenanlagen und die Heizung.
- Die Herstellungskosten werden in der Regel auf alle Eigentümer umgelegt. Eine solche Bauträgergesellschaft bzw. ein solider Bauherr wird die Kostenanteile derjenigen Wohnung verauslagen, die noch nicht verkauft werden konnte, das ist gesetzlich auch so vorgeschrieben. Die Vorschrift nützt Ihnen jedoch nichts, wenn sich der Bauträger übernommen hat, wenn ihm also das Geld ausgeht, bevor alle Wohnungen verkauft sind.

Sicherheit für Sie bedeutet: Kaufen Sie nur bei »ersten Adressen«, auch wenn es vielleicht etwas teurer ist, und erkundigen Sie sich nach der bereits vorliegenden Zahl der festen Kaufabschlüsse.
- Falls Sie bereits zu einem sehr frühen Zeitpunkt kaufen, haben Sie häufig die Möglichkeit, eigene Gestaltungswünsche zu realisieren. Bedenken Sie aber immer, daß so etwas abhängig vom Baustand verschieden hohe Kosten verursacht: lassen Sie sich die Kosten kalkulieren und schriftlich bestätigen.

Ähnlich wie bei einer Eigentumswohnung ist auch beim **Hauskauf** Ihr Geschäftspartner in der Regel eine Bauträgergesellschaft oder ein mit dem Verkauf beauftragter Makler. In den meisten Fällen handelt es sich hier – zur optimalen Nutzung des Baugrundes – um eine Gruppenbebauung. Sie kaufen mithin nicht nur eine »konfektionierte Ware«, sondern müssen auch oft ziemlich eng mit Nachbarn zusammenleben. Prüfen Sie daher bei einer Gruppenbebauung den Gesamtplan besonders sorgfältig.

Ähnlich wie beim Erwerb einer Eigentumswohnung gilt es auch beim Kaufeigenheim folgendes zu beachten:
- Was deckt der Festpreis ab.
- Lassen Sie sich die Kosten Ihrer Sonderwünsche schriftlich bestätigen.
- Prüfen Sie die Solidität des Verkäufers bzw. des Bauträgers.

3. Ein- oder Mehrfamilienhaus

Im Unterschied zum Eigenheim, dem klassischen **Einfamilienhaus** – Grundstück mit Haus mit **höchstens** 2 Wohnungen –, besteht ein **Mehrfamilienhaus** aus Grundstück mit Haus, das **mehr** als 2 Wohnungen enthält.

Der Gesetzgeber ist daran interessiert, daß Wohnraum geschaffen und zur Verfügung gestellt wird. Er ist daher bereit, den Vermieter steuerlich zu entlasten. Alle Aufwendungen zur Bereitstellung von Wohnraum können Sie deshalb als Werbungskosten von den Einnahmen abziehen die Sie aus der Vermietung Ihres Eigentums beziehen. Das sind z. B.:
- Grundsteuern.
- Hypotheken- und Baudarlehenszinsen.
- Versicherungsbeiträge, die für den Hausbau und das Haus bezahlt werden.
- Gebühren für die Entsorgung.
- Kosten zum Betrieb und Erhaltung von Außenanlgen.
- Abstandszahlungen bei Umwidmung von vermietetem Wohnraum in Geschäftsraum.
- Maklergebühren.
- Schönheitsreparaturen.
- Modernisierungen.

Sollte bei den nicht laufenden Kosten, etwa bei Modernisierungen, einmal ein besonders großer Brocken anfallen, so daß Ihre Ausgaben die Einnahmen aus der

Vermietung übersteigen, dann können Sie in Ihrer Steuererklärung diese Kosten stückeln und verteilt auf bis zu 5 Jahre absetzen.

Bis zu welcher Höhe Sie Werbungskosten sinnvoll absetzen können, hängt natürlich von der Höhe der Einnahmen ab, die Sie aus Ihrer Immobilie erzielen. Wenn es Ihnen also hauptsächlich um die Rendite geht, sollten Sie ernsthaft überlegen, ob nicht der Kauf oder Bau eines Mehrfamilienhauses für Sie in Frage kommt. Grundsätzlich sollten Sie sich vor einer endgültigen Entscheidung eingehend mit Ihrem Steuerberater über Vor- und Nachteile einer »großen« oder »kleinen« Lösung unterhalten.

15. Neuauflage, 124,– DM

Kontrollbuch für den Bauherrn

- **Bewahrt vor Schaden** durch nützliche Merkblätter und Übersichten.
- **Liefert Beweise**, die später Gold wert sein können – **Bautagebuch** und **Formulare**.
- **Erleichtert die Überwachung** der **Baukosten** und **Termine**.
- **Nützt** beim **Neubau, Fertighauskauf** und bei der **Altbaumodernisierung**.
- Hilft vielleicht schon am Tage des Baubeginns **tausende Mark zu sparen**.

4. Die Haustypen

Beim Bau oder Kauf einer Immobilie haben Sie die Wahl zwischen verschiedenen Haustypen.

Das freistehende Haus
Diese Bauform ist für viele der Inbegriff des Eigenheims.
Die Vorteile:
- Weitgehende Unabhängigkeit von anderen Mitmenschen.
- Optimale Ausweitung des Freiraums durch den Garten, der das Haus allseitig umgibt.
- Großer Prestigewert.

Die Nachteile:
- Der Garten macht Ihnen viel Arbeit; das ist nur dann kein Nachteil, wenn Sie begeisterter und wetterfester Hobbygärtner sind.
- Der Bauplatz ist gegenüber anderen Hausformen unverhältnismäßig groß; Sie wohnen daher vergleichsweise teuer.

Die Doppelhaushälfte
Im Charakter kommt dieser Haustyp dem freistehenden Haus noch am nächsten. Ein zusätzlicher Vorteil ist die größere Wirtschaftlichkeit, die sich aus der besseren Nutzung des Bauplatzes ergibt.
Die Nachteile:
- Partnersuche ist in allen Lebenslagen ein schwieriges Unterfangen, so auch hier.
- Nachbarschaft ist etwas sehr Schönes; sehr nahe Nachbarschaft aber bringt manchmal Probleme.

Das Reiheneckhaus
Die Vorteile:
- Noch wirtschaftlicher als eine Doppelhaushälfte.
- Unmittelbare Nachbarn haben Sie nur nach einer Seite.

Die Nachteile:
- Reihenhäuser sind in der Regel schmal und mehrgeschossig. Sie müssen deshalb mehr Trep-

Herstellungssysteme

pen steigen als bei anderen Haustypen.
- Ein Reihenhaus hat im allgemeinen zwei Straßen- oder Wegefronten; das kann zu Lärmbelästigung führen.

Das Reihenhaus
Die Vorteile:
- Sehr wirtschaftlich durch extrem bauplatzsparendes Bauen.
- Energiesparend – die Nachbarn heizen mit.

Die Nachteile:
- Sie haben nach zwei Seiten unmittelbare Nachbarn; Ihre Unabhängigkeit ist dadurch relativ stark eingeschränkt.
- Es entstehen Ihnen – im Interesse Ihrer Unabhängigkeit – möglicherweise noch weitere Kosten für zusätzliche Schallisolierungen.

5. Die Herstellungssysteme

Beim Bau oder Kauf eines Hauses können Sie unabhängig vom Haustyp unter vier Herstellungssystemen wählen: das Architektenhaus, das Fertighaus, das Baubetreuungsobjekt und das Bauträgerobjekt.

Das Architektenhaus
Ob Sie nun ein solches individuell geplantes Haus kaufen oder ob Sie als Bauherr vom ersten Entwurf an mit einem Architekten zusammenarbeiten, Sie erhalten in

Foto: Hebel AG, Fürstenfeldbruck

jedem Fall etwas Besonderes, Individuelles, sozusagen einen Maßanzug, nichts von der Stange. Ihren persönlichen Vorstellungen wird optimal entsprochen. Dabei muß ein solches Haus nicht einmal besonders teuer sein. Es gibt Architektenhäuser, die es in dieser Hinsicht leicht mit den anderen Herstellungsarten aufnehmen. Das hängt im wesentlichen von den verwendeten Materialien ab, denn z.B. auch mit Fertig- und sogar mit Industriebauteilen lassen sich sehr reizvolle Baulösungen für ein Privathaus finden; überdies sind solche Teile im allgemeinen sehr robust und haltbar.

6. Energiesparende Fertighäuser

»Wir haben unsere Welt nur geliehen.« Deshalb tragen wir alle die Verantwortung dafür, daß auch spätere Generationen eine Chance erhalten, in einer intakten Umwelt zu leben.

Die SchwörerHaus KG hat sich dieses Motto zur Firmenphilosophie gemacht. Seit vielen Jahren befaßt sie sich mit dem Bau energiesparender Fertighäuser und deckt dabei das gesamte Spektrum des Baubereichs in Sachen Holz, Beton und Haustechnik ab. Bei allen Überlegungen steht hier immer der Mensch und sein Bedürfnis nach echtem Wohnbehagen und nach einer sauberen Umwelt im Vordergrund. Entscheidend dafür ist und bleibt die Wärmedämmung.

Foto: SchwörerHaus, Hohenstein

Durch einen aufwendigen, mehrschichtigen Wandaufbau wird beim WärmeGewinnHaus von Schwörer eine außergewöhnlich gute Wärmedämmung erzielt. Die Wärmedämmwerte der Außenwand betragen dabei 0,22 W/m²K. Das bedeutet: weniger Wärmeverlust + weniger Heizenergie = weniger Kosten und weniger Schadstoffbelastung für die Umwelt.

Was jedoch auch beim besten Niedrigenergiehaus beliibt, sind die Lüftungswärmeverluste. Frische, sauerstoffhaltige Luft braucht der Mensch jedoch zum Leben. Eine zu geringe Lüftung kann zu ungesunden Ansammlungen von Schadstoffen, Geruchsstoffen und Wasserdampf in der Innenluft führen, sowie zu Sauerstoffmangel. Deshalb hat SchwörerHaus zusammen mit namhaften Wissenschaftlern eine zukunftsweisende und wirtschaftliche Lösung für eine ausreichende Frischluftversorgung in der Wohnung gefunden.

Diese Frischluft-/WärmeGewinntechnik, die seit 15 Jahren in allen Schwörer WärmeGewinnHäusern serienmäßig eingebaut wird, gewährleistet eine kontrollierte Lüftung, sorgt für Behaglichkeit in Wohnräumen und senkt zugleich den Energieverbrauch bis zu 50%. Neben diesem Energieeinsparungseffekt wird die Luftqualität in der Wohnung erheblich verbessert.

Weitere Informationen:
**SchwörerHaus KG
Hans-Schwörer-Str. 8
72531 Hohenstein-Oberstetten
http://www.schwoerer.de**

Fertighäuser

Was Sie beim Angebot von Fertighäusern beachten sollten:

- Fertighäuser werden in der Regel zum Festpreis »ab Oberkante Keller« angeboten; Sie müssen also ein Grundstück besitzen, auf dem Sie ein Fundament bzw. den Keller so herstellen lassen müssen, daß Ihr Fertighaus problemlos aufgestellt werden kann.
- Manche Firmen machen Ihnen das Angebot, den Keller zu erstellen, wobei die Durchführung im allgemeinen einem Subunternehmer obliegt. Prüfen Sie, welche Leistungen das Angebot umfaßt; manchmal werden die Erdarbeiten, Lagerungskosten für den Aushub, Außentreppen und Außentüren separat berechnet.
- Prüfen Sie die Verträge daraufhin, was »bauseits«, d. h. von Ihnen, zu leisten ist. Dazu gehört in der Regel: Erreichbarkeit des Bauplatzes für schwere Lkw, Wasser- und Stromanschlüsse müssen benutzbar sein.
- Prüfen Sie, welchen Lieferradius die Firma hat; außerhalb eines begrenzten Vertriebsgebietes müssen Sie manchmal mit Preisaufschlägen rechnen.
- Welche Fassade wird zum Festpreis angeboten? Prüfen Sie, ob sie den in Ihrem Baugebiet geltenden Vorschriften entspricht.
- Welche Dachformen werden zum Festpreis geliefert – auch hier sind die im jeweiligen Baugebiet geltenden Vorschriften zu beachten.
- Prüfen Sie, welcher Innenausbau im Preis enthalten ist – die Unterschiede sind erheblich.
- Wenn bei Ihrem Bauvorhaben ein erhöhter Schallschutz gefordert wird, sollten Sie rechtzeitig mit der Herstellungsfirma darüber sprechen.
- Prüfen Sie, ob zum späteren Ausbau des Daches oder des Kellers schon jetzt die Installationen verlegt werden können.
- Erkundigen Sie sich nach den Zuschlägen für gewünschte Extras wie z. B. Dreifachverglasung oder Rolläden.

Foto: Fingerhut Haus, Neunkhausen

Das sind die entscheidenden Vorteile, die Ihnen ein guter Fertighaus-Hersteller bieten sollte:

- Häuser »zum Anfassen« in Musterhauszentren.
- Kostenlose und individuelle Beratung durch erfahrene Spezialistenteams.
- Hilfe bei der Grundstücksbeschaffung durch Auswahl, Vermittlung und Angebot.
- Ausarbeitung des optimalen Finanzierungsweges unter Berücksichtigung der persönlichen Bezuschussungsmöglichkeiten.
- Erstellung der Baugenehmigungsunterlagen.
- Gemeinsame Ermittlung der Wohnbedürfnisse und Entwicklung familiengerechter Wohnkonzeptionen.
- Planung und Betreuung beim Kellerbau.
- Handwerkliche Errichtung des Hauses einschließlich des Innenausbaues nach strengen Qualitätsmaßstäben.
- Festpreisgarantie ohne Anzahlung: Zahlung erst nach wohnfertiger Hausübergabe.
- Betreuung auch nach dem Hausbau.

Schwörer WärmeGewinnHaus – in allen vier Elementen zu Hause.

Feuer, Wasser, Erde, Luft: Ein Schwörer WärmeGewinnHaus nutzt die kostenlosen Ressourcen und Energien der Natur. Die Solaranlage, bei jedem Schwörer WärmeGewinnHaus inklusive, fängt die Energie der Sonne ein. Auf Wunsch liefert eine Photovoltaik-Anlage Sonnenstrom. Das kostenlose Naß vom Himmel sammelt eine Regenwasseranlage. Der Erdwärmetauscher kühlt im Sommer die Räume und wärmt im Winter die Außenluft vor. Mit der Frischluft-WärmeGewinnTechnik – ebenfalls inklusive – kommt pollenarme Luft ins Haus. In einem WärmeGewinn-Haus fühlen Sie sich ganz in Ihrem Element. Wann kommen Sie vorbei?*

Solarpreis 1996

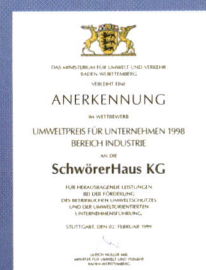

Ausgefüllten Coupon senden an:
SchwörerHaus KG, 72531 Hohenstein

Ich will mich in meinem Element fühlen!
Gerne senden wir Ihnen vorab
☐ kostenloses Informationsmaterial
☐ Schwörer-Video; DM 13,– (inkl. Versand; Bitte Verrechnungsscheck beilegen)

Absender:

SchwörerHaus KG
Hans-Schwörer-Straße 8
72531 Hohenstein
Tel. 0 73 87 / 16 - 314
Fax 0 73 87 / 16 - 238

Internet: http://www.schwoerer.de
eMail: info@schwoerer.de

* Wir sind mit fast 60 Musterhäusern in ganz Deutschland vertreten. Auch in Ihrer Nähe!

848/0199

Fertighäuser

Natürliche Baumaterialien

Die großen Umweltkatastrophen und die alarmierenden Meldungen über Gift in Wohnräumen, den sogenannten Wohngiften, haben das umweltbewußte Denken der Bürger bis in den privaten Wohnbereich hinein geweckt.
Der Mensch beginnt zu erkennen, daß nur durch Sensibilisierung eines jeden einzelnen die Umwelt vor größerem Schaden bewahrt werden kann.

Dieses uns alle betreffende Thema gewinnt für die Zukunft noch mehr an Bedeutung:
Auch in der Bauindustrie spielt deshalb das geschärfte Umweltbewußtsein der Bauherren heute eine große Rolle. Die Fertighausbranche achtet schon seit ihrem Bestehen darauf, daß ihre Kunden in ihren neuen Heimen gesund wohnen.

Bereits vor einem Vierteljahrhundert, zur Pionierzeit des Fertigbaus, wurden und werden heute nur Materialien verwendet, die gesundheitlich unbedenklich sind. Trotz vieler Widerstände ließ sich dieser Bauzweig von seinem Weg nicht abbringen.
Aufgrund ihrer Tradition arbeiten viele der in dieser Branche tätigen Firmen grundsätzlich mit dem natürlichsten aller Baustoffe, dem Holz. Gerade in holzreichen Gebieten entwickelten sich daher Firmen aus der Zimmermannstradition heraus zu leistungsstarken Fertighaus-Anbietern, die individuelle Häuser bauen. Häuser, die vom Architekten geplant und betreut werden. Das Haus von der Stange gibt es schon lange nicht mehr, sondern Architekten-Häuser, die auf die jeweiligen Bedürfnisse und auf die Wünsche des individuellen Kunden genau zugeschnitten sind, werden angeboten. Und diese werden selbstverständlich mit natürlichen Materialien, mit Baustoffen erstellt und hergestellt, die nachweislich und überprüft nicht gesundheitsschädlich und auch nicht belästigend sind, z. B. durch Geruch.

Neben Holz findet nur gütegeprüftes Material Verwendung. Damit dies so bleibt, gehören viele Firmen denn auch der Bundesgütegemeinschaft »Baubiologisches Fertighaus« an, einer Gemeinschaft, die durch eine regelmäßige Selbstkontrolle für eine gleichbleibend hohe Qualität sorgt und ein gesundes Wohnen garantiert.

Das Baubetreuungsobjekt

Wenn Sie aus Zeitgründen nicht in der Lage sind oder aber einfach keine Freude daran haben, sich um die Durchführung Ihres konventionellen, d. h. massiv gebauten Hauses zu kümmern und/oder daran interessiert sind, zu einem Festpreis zu bauen, dann bietet es sich an, einen **Generalunternehmer** mit der Durchführung Ihres Vorhabens zu beauftragen.

Worauf Sie achten sollten:
- Ihrem Baubetreuer sind Sie »ausgeliefert«; prüfen Sie daher rechtzeitig seine Solidität.
- Sie bekommen ein schlüsselfertiges Haus zu einem Festpreis. Prüfen Sie genau, ob der Festpreis alle gewünschten Leistungen enthält.
- Holen Sie immer Angebote von mehreren Firmen ein.

Das Bauträgerobjekt

Ein solches Objekt kommt für Sie dann in Frage, wenn Sie kein Grundstück besitzen und Ihnen in der gewünschten Lage auch keines vermittelt werden kann. In diesem Fall kaufen Sie ein Grundstück »aus einer Hand«.

Die Vorteile:
- Bauträgerobjekte werden meistens in Gruppenbebauung als Wohnanlagen erstellt; durch die optimale Bauplatzausnutzung und Verwendung gleicher Baukörperformen sind sie meist sehr preisgünstig.
- Sie entstehen häufig in Stadtnähe und sind besonders verkehrsgünstig gelegen.
- Größere Bauträgerobjekte verfügen häufig über Gemeinschaftseinrichtungen wie Kinderspielplatz, Parkplatz oder eine Sauna.

Die möglichen Nachteile ergeben sich aus der extremen Ausnutzung des Baugrunds und aus der Nähe zu den Nachbarn.

Bausysteme

7. Auf das Bausystem kommt es an

Das Teure am eigenen Heim sind die Arbeitsstunden der Handwerker und Baufachleute. Wer hier sparen will und selbst mit anpackt, kann durch Eigenleistung – das haben bereits zahlreiche Beispiele erwiesen – bis zu 40 Prozent der Kosten per »Muskelhypothek« aufbringen.

Doch vor leichtfertigen »Bau-Abenteuern« sei gewarnt: Ohne ein sicheres Bausystem und zuverlässige Betreuung kann aus dem Traumhaus schnell ein Alptraum werden.

Vom Keller bis zum Dach hat sich z.B. das Hebel Bausystem vielfach bewährt. Es bietet dem »Do-it-yourself«-Bauherrn in allen wichtigen Bereichen einfache Problemlösungen. Dazu gehören die umweltfreundlichen Steine und Bauelemente, die rationelle und leichte Verarbeitung für innen und außen sowie systemgerechte fertige Putze, Mörtel und Spezialwerkzeuge. Das in sich geschlossene Bausystem macht für jedermann bzw. jederfrau den Selbstbau sicher. Dazu garantieren die bauphysikalischen und bautechnischen Eigenschaften des Baumaterials ein hochwertiges Ergebnis. Dies zahlt sich nach dem Abschluß der Arbeiten nicht nur in der Optik aus; vor allem die hohe Wärmedämmung – bei einer 30 cm dicken Außenwand wird ohne zusätzliche Dämmstoffe bereits ein k-Wert von 0,34 $W/(m^2 K)$ erreicht – garantiert gesundes Wohnklima.

8. Vom Keller bis zum Dach: ein Bausystem

Vom Keller bis zum Massivdach weisen alle Bauteile und -elemente entscheidende Vorteile für den Selbstbau auf. Das »Haus aus einem Guß« und die damit verbundene Wohnqualität sind dadurch auch für »Do-it-yourself«-Bauherren kein Problem mehr. Hebel Haus als Konzern-Tochter bietet ein großes Angebot an Selbstbau-Häusern im kompletten Porenbeton-System mit Service, Beratung und Betreuung an. Auch andere Bausatz-Hersteller setzen auf diesen Baustoff.

Selbstbau-Interessenten können sich auf einem kostenlosen Bauseminar mit dem gesamten System vertraut machen. Dabei kommen auch die praktischen Übungen nicht zu kurz, alle beim Selbstbau nötigen Arbeiten werden unter Anleitung erfahrener Vorführmeister trainiert. Einladungen zu einem solchen Seminar, das in der Regel an einem Samstag stattfindet, erfolgen über die Hebel Bauinformation, Postfach 13 53, 82243 Fürstenfeldbruck. Dort können auch die SelbstBau Hebel Haus Informationen und die hausprogramme für schlüsselfertige Massivhäuser, Ausbauhäuser oder Bausätze angefordert werden.

Foto: Hebel AG, Fürstenfeldbruck

Das zeitgemäße Bausystem

Hoher Wärmeschutz ohne Zusatzdämmung

Porenbeton dämmt mit Luft statt mit Chemie

Aus Quarzsand, Kalk, Zement und Wasser entsteht Hebel Porenbeton, ein Baustoff im kompletten System für die energiesparenden Häuser von heute und morgen.

Bauteile aus Hebel Porenbeton haben sich schon seit mehr als 50 Jahren am Bau bewährt, aber dieser Baustoff ist heute aktueller als je zuvor. Denn kaum ein anderes Material erfüllt so gut die heutigen Forderungen nach hohem Wärmeschutz, rationellem Bauen, Umweltschutz, gutem Raumklima und hoher Wohnqualität.

Schon bei der Herstellung des Baustoffes können ganz hohe Umwelt-Maßstäbe angelegt werden. Plansteine, Jumbos, Planelemente, Stürze, Deckenplatten, Treppenstufen, Dachelemente und Formteile für Schornsteine werden in einem besonders energie- und ressourcensparenden Verfahren hergestellt. Feinst gemahlener Quarzsand, Kalk und Zement werden mit Wasser gemischt. Ein Treibmittel läßt diese Rohmasse dann aufgehen. Dabei entstehen Millionen von Luftporen – die beste Wärmedämmung, die die Natur zu bieten hat. Aus 1 m^3 Rohstoff entstehen so 5 m^3 Baustoff. Der Energiebedarf ist gering, denn Hebel Porenbeton wird bei nur 180 °C unter Druck dampfgehärtet. Umweltbelastende Substanzen gibt es dabei nicht – und Energie und Prozeßwasser werden zurückgewonnen.

Die in den Bauteilen eingeschlossenen Luftporen bewirken deren hervorragend hohe Wärmedämmung. Mit wirtschaftlichen Wand-, Decken- und Dachkonstruktionen lassen sich die Anforderungen der neuen Wärmeschutzverordnung nicht nur erfüllen, sondern deutlich übertreffen, so daß sich die Sonderförderungen für energiesparende Bauweise in Anspruch nehmen lassen. Bauherren, die sich für Hebel entscheiden, können auch künftig Verschärfungen der Normen gelassen entgegensehen. Heizkosten werden gespart und Emissionen reduziert.

Ein weiterer Vorteil der Hebel Technologie: Bereits bei der Baustoffherstellung entstehen die Bauteile, Formen und Formate, die auf der Baustelle benötigt werden – maßgenau, präzise, in stets gleichbleibend hoher Qualität. In ihrer Gesamtheit bilden Hebel Bauteile ein komplettes Bausystem fürs ganze Haus. Der hohe Grad an industrieller Vorfertigung rationalisiert und beschleunigt nicht nur den Baufortschritt, sondern trägt auch entscheidend zur Erleichterung und Humanisierung der Bauarbeit bei.

Bauherren, die ihr Haus in Eigenleistung errichten wollen, wissen die einfache Verarbeitung von Hebel Bauteilen besonders zu schätzen. Nur 8 Plansteine PPW ergeben 1 m^2 hochwärmedämmende, planebene Wand. Die Ausführung der Hebel Vollmontagedecke ist eine Angelegenheit von wenigen Stunden.

Das bauphysikalische Optimum ergibt sich, wenn Wände, Decken und Dach aus dem gleichen Baustoff bestehen. Materialbedingte Wärmebrücken lassen sich damit ebenso vermeiden wie unterschiedliche Wandoberflächen – das beste Mittel, Putzrissen vorzubeugen.

www.hebel.de

39.000 DM
beim Bauen sparen.*

Jetzt anrufen:
01 80 / 5 23 56 65
0,48 DM / min.

* Rechenbeispiel: ca. 39.000 DM bei Gesamtkosten von 400.000 DM (Rohbaukosten 180.000 DM)

Mit dem Hebel Bausystem.

Bau mit System. Wer sein Haus mit Hebel Steinen baut, nutzt eine massive, hochwärmedämmende Systembauweise und kann dadurch viel Geld sparen. Wie Sie bis zu 10% der Baukosten sparen*, sagt Ihnen die Broschüre: „Kosten sparen mit dem Hebel Bausystem." **Jetzt anfordern!** Übrigens: Der Staat spendiert zusätzlich 8 Jahre lang 400 DM Zulage jährlich fürs Niedrigenergiehaus.

Informationen über das Hebel Bausystem erhalten Sie von: Hebel Info Center • 82243 Fürstenfeldbruck • Fax (0 81 41) 98-3 24 • www.hebel.de

Finanzierung

Ihr optimales Finanzierungspaket

So können Sie von Anfang an ein kleines Vermögen sparen

1. Die zehn goldenen Regeln der Baufinanzierung

- Eine **gesicherte Finanzierung** ist die grundlegende Voraussetzung zur Erfüllung Ihrer Wünsche – ob Sie bauen, kaufen oder auch nur modernisieren wollen.
- **Solidität gibt Sicherheit:** Die Zuverlässigkeit Ihrer Kreditgeber sollte außer Zweifel stehen. Meiden Sie unbekannte Kreditgeber, die mit Sonderangeboten locken.
- Ihre **finanzielle Belastung** durch Bau oder Kauf wird in der Regel langfristig sein. Prüfen Sie daher auch, welche zusätzlichen Belastungen Ihnen noch bevorstehen – z. B. Ausbildungsfinanzierung für Ihre Kinder – und ob die Summe dieser Belastungen bei sich gleichmäßig entwickelnden Einkommensverhältnissen tragbar für Sie bleibt.
- Sichern Sie sich gegen eine **Verschlechterung** Ihrer persönlichen Verhältnisse hinreichend ab.
- Rechnen Sie als Bauherr immer damit, daß Termine nicht eingehalten werden – häufig ohne spezielles Verschulden eines Beteiligten, also auch ohne Möglichkeit für Sie, Regreßansprüche geltend zu machen. Sie brauchen daher ausreichende Kredite zur **Zwischenfinanzierung**.
- Seien Sie bei Ihrer Finanzplanung lieber Pessimist, was **Preisentwicklung und Teuerungsraten** angeht. Sie können dann später auftauchende Mehrkosten leichter verkraften.
- Staatliche Förderungen können bares Geld sein. Informieren Sie sich rechtzeitig über die aktuellen Regelungen.
- Unterschreiben Sie Verträge nur dann, wenn über alle Formulierungen darin zwischen Ihnen und Ihrem Vertragspartner **Klarheit** herrscht. Sollte das nicht überall der Fall sein, so führen Sie die Klärung unbedingt herbei oder vereinbaren Sie, um sicherzugehen, gegebenenfalls ein **Rücktrittsrecht**.
- Nichts geht über den **Erfahrungsaustausch** unter Betroffenen. Reden Sie deshalb mit anderen Bauherren.
- Wenn Ihr Finanzierungskonzept steht: **Kontrollieren Sie es!** Gehen Sie es lieber dreimal zu oft durch – auch immer wieder während der Realisierung Ihres Vorhabens – als einmal zu wenig, um die Punkte aufzuspüren, in denen Sie sich möglicherweise übernommen haben. Je früher ein Fehler entdeckt wird, desto leichter können seine Folgen abgewendet werden.

2. Woher das Geld zum Bauen?

Auch ein Bauherr oder Käufer, der sein Vorhaben ganz aus eigenen Mitteln finanzieren könnte, wird

Finanzierung

das in der Regel nicht tun, da er sein Geld im allgemeinen anderweitig gewinnträchtiger anlegen kann. Er wird daher nur einen Teil der Gesamtkosten selbst aufbringen, sich im übrigen aber an die Institutionen halten, deren Geschäft es ist, das Geld zum Bauen bereitzustellen.

Diese Aufgabe übernehmen die Banken und Sparkassen, speziell die Realkreditinstitute (oft daran zu erkennen, daß ein Namensbestandteil »Hypotheken-«, »Bodenkredit-« oder »Grund-« ist), die Bausparkassen und die meisten Versicherungen. Von Banken, Sparkassen und Versicherungen können Sie dinglich abgesicherte Darlehen erhalten; das Finanzierungsmittel der Bausparkassen ist das Bauspardarlehen. Die Höhe der Darlehen berechnen die Kreditgeber nach dem Beleihungswert des zu bauenden oder zu erwerbenden Objekts. Als Sicherheit für die Gläubiger dient die Eintragung einer Grundschuld in Höhe der Darlehensbeträge nebst Zinsen in Abt. III des Grundbuchs. In aller Regel erfolgt die Eintragung an erster Rangstelle.

Bauspardarlehen werden ebenfalls im Grundbuch eingetragen, aber – vor allem, wenn Sie mehrere Finanzierungsarten gleichzeitig nutzen – in der Regel an zweiter oder dritter Stelle.

Die **Darlehen** werden als Festzinsdarlehen oder als zinsvariable Darlehen vergeben.

- **Festzinsdarlehen** bekommt man vor allem bei den Realkreditinstituten und Versicherungen. Hier wird bei Vertragsabschluß eine bestimmte, zu diesem Zeitpunkt marktübliche Zinshöhe für einen bestimmten Zeitraum – meist auf fünf oder zehn Jahre – festgelegt.
- **Zinsvariable Darlehen** werden vor allem von Sparkassen angeboten.

Zwischen diesen beiden Formen zu entscheiden ist nicht ganz einfach, weil auch die Meinung eines Fachmanns über die längerfristige Zinsentwicklung durch die Realität widerlegt werden kann.

Hypothekendarlehen unterscheiden sich in der Art der jeweiligen Rückzahlung:
- Beim **Annuitätendarlehen** zahlen Sie jährlich (eventuell in 12 Monatsraten) einen festen Betrag, die »Annuität«. Die Annuität deckt sowohl die Zinsen als auch einen bestimmten Prozentsatz der Tilgung (z. B. 1% für das erste Jahr). Auf diese Weise nimmt der Zinsanteil an der Annuität ständig ab, dafür der Tilgungsanteil zu.
- Bei einem **Tilgungs- oder Abzahlungsdarlehen** zahlen Sie über die gesamte Laufzeit feste Tilgungsbeträge zuzüg-

Foto: Buderus, Wetzlar

Darlehen

lich der Zinsen. Hier nehmen die jährlich aufzubringenden Raten allmählich ab, da mit der Schuldsumme ja auch der Zinsbetrag geringer wird.
- Bei **endfälligen Darlehen** schließlich zahlen Sie die Gesamtschuld in einer Summe am Ende der Laufzeit zurück. Während der Laufzeit sind nur die Zinsen fällig. Zinsdarlehen bieten sich z.B. zur Zwischenfinanzierung an, wenn Sie auf die Zuteilung Ihres Bauspardarlehens warten.

Besonders interessante Möglichkeiten der Baufinanzierung bei fremdgenutzten Immobilien bieten die Versicherungen mit einer Kombination aus dinglich abgesicherten Darlehen und Lebensversicherung. Dabei wird das Darlehen als Festzinsdarlehen aufgenommen, in Verbindung mit einer Versicherung auf den Todes- oder Erlebensfall.
Die Vorteile einer solchen Versicherung sind:
- Durch Abschluß einer Lebensversicherung in Höhe des Darlehensbetrages ist die Rückzahlung gesichert; auch wenn Ihnen dann etwas zustoßen sollte, sind Ihre Hinterbliebenen von finanziellen Nöten befreit.
- Der Abschluß der Lebensversicherung bewirkt eine Kapitalbildung: Leistungsfähige Versicherungsgesellschaften erreichen für Ihre Vermögensanlage in der Regel eine Verzinsung von ca. 6% im langjährigen Durchschnitt.
- Bei Versicherungen gegen laufende Beitragszahlung mit einer Laufzeit von mindestens 12 Jahren wird die Versicherungssumme einschließlich der rechnungsmäßigen und außerrechnungsmäßigen Zinsen einkommensteuerfrei ausgezahlt. Nach dem Steueränderungsgesetz 1992 ist dies bei Finanzierungen dann der Fall, wenn das Darlehen unmittelbar und ausschließlich der Finanzierung von Anschaffungs- oder Herstellungskosten eines Wirtschaftsgutes dient und wenn die zur Tilgung verwendeten Ansprüche aus der Lebensversicherung nicht die mit dem Darlehen finanzierten Anschaffungs-/Herstellungskosten übersteigen.
- Tilgungsraten sind steuerlich nicht geltend zu machen. Da jedoch das Darlehen bei einem Lebensversicherungs-Darlehen durch die Aufbauleistung zum Zeitpunkt der Fälligkeit getilgt wird, treten die Versicherungsbeiträge an die Stelle der Tilgungsraten. Beiträge zu begünstigten Lebensversicherungen i.s.d. §10 Abs. 1 Nr. 2b EStG können im Rahmen der Höchstbeträge für Vorsorgeaufwendungen steuerlich geltend gemacht werden.
- Sie zahlen während der gesamten Laufzeit neben den Versicherungsbeiträgen nur die Darlehenszinsen; hier können Ihnen oftmals erheblich günstigere Konditionen geboten werden als von Banken und Sparkassen. Das wird möglich, weil die Darlehensmittel aus eigenen Geldern der Versicherungsgesellschaft zur Verfügung stehen und nicht – wie z. B. bei Hypothekenbanken – durch den Verkauf von Pfandbriefen beschafft werden müssen; auf diese Weise wird ein Teil der sonst im Realkredit anfallenden Refinanzierungskosten eingespart.
- Sofern Sie Schuldzinsen als Werbungskosten steuerlich geltend machen können – und das können Sie, soweit Sie Ihre Immobilie nicht zu eigenen Wohnzwecken nutzen, bringt Ihnen das Versicherungsdarlehen noch den Vorteil einer gleichbleibenden Darlehenssumme, auf die sich die Zinsbeträge jeweils beziehen; dadurch ist während der Zinsfestschreibungszeit die jährliche Zinsbelastung – und damit der steuerlich absetzbare Betrag – gleichbleibend hoch. Ein Annuitätendarlehen bietet diesen Vorteil nicht, da hier der Zinsanteil in den Rückzahlungsraten ständig abnimmt.
- Zusätzlich müssen Sie noch die Höhe der Gewinnbeteiligung berücksichtigen, die Ihre Versicherungsgesellschaft über die garantierte Versicherungs-

Darlehen

Foto: SchwörerHaus, Hohenstein

Kostenermittlung

summe hinaus auszahlt. Denn der Betrag, der nach Ablauf das Hypothekendarlehen übersteigt, steht Ihnen dann zur Verfügung.

Alle diese Vorteile können Sie noch vergrößern, indem Sie in möglichst jungen Jahren bereits eine Lebensversicherung abschließen, die Sie bei einer späteren Immobilienfinanzierung heranziehen. Damit verkürzen Sie die Laufzeit.

Bei der Gewährung dinglich abgesicherter Darlehen der **Allianz** gelten folgende **Beleihungsgrundsätze**:

- **Objekte** – es können Neubauten (Einfamilien-, Zwei- und Mehrfamilienhäuser sowie Eigentumswohnungen), aber auch gut erhaltene und modern ausgestattete Altbauten beliehen werden. Vorwiegend werden die Darlehen zur Finanzierung von Wohnungsbauten vergeben, teilweise ist aber auch eine gewerbliche Nutzung unbedenklich, soweit es sich um Büro- oder Praxisräume sowie Ladenlokale handelt. Über die Beleihung von Objekten, die vorwiegend oder ausschließlich gewerblich genutzt werden, wird im Einzelfall entschieden.
- **Beleihungshöhe** – nach den Beleihungsgrundsätzen der **Allianz** können Grundschulddarlehen im erststelligen Beleihungsraum bis zu 45% der angemessenen Gesamtentstehungskosten bzw. des angemessenen Kaufpreises angeboten werden. Außerdem besteht für Ein- bis Dreifamilienhäuser sowie für Eigentumswohnungen die Möglichkeit, im zweistelligen Beleihungsraum entsprechende Darlehen anzubieten.

Im Rahmen dieser Gesamtbaufinanzierung bietet die Allianz eine Beleihungsmöglichkeit bis zu 80% der angemessenen Gesamtkosten bzw. des angemessenen Kaufpreises. Bei einer Beleihung bis zu 60% der angemessenen Gesamtkosten bzw. des angemessenen Kaufpreises sind auch Mehrfamilienhäuser mit maximal 10 Einheiten möglich. Damit ist der Fremdfinanzierungsbedarf in der Regel voll abgedeckt; Darlehen unter 70 000,– DM werden allerdings nicht angeboten.

- **Sicherung** – für Versicherungsdarlehen wird ein erstrangiges Grundpfandrecht eingetragen.

Die Besonderheit beim **Bauspardarlehen** ist, daß Sie ein Recht auf seine Gewährung erwerben. Sie müssen dazu natürlich bestimmte Voraussetzungen erfüllen. Der wichtigste Punkt ist bei allen öffentlichen und privaten Bausparkassen gleich:

Die Ansparung muß in der Regel mindestens 40% der Bausparsumme betragen. Die zweite Voraussetzung ist, daß entweder die Mindestansparzeit oder die Mindestbewertungszahl erreicht wird.

3. Die Kostenermittlung

Im wesentlichen müssen Sie drei große Kostenblöcke berücksichtigen: **Grundstückskosten**, **Baukosten** und **Gebühren**.

Die Grundstückskosten

Bevor Sie das Grundstück Ihrer Wahl erwerben, sollten Sie genau wissen, was Sie für Ihr Geld bekommen. Vergewissern Sie sich vor allem der folgenden Punkte:

- Ist die Vermessung des Grundstücks im Preis enthalten oder entstehen dafür noch Kosten.
- Wenn Sie das Grundstück teilen wollen, wie hoch sind die Kosten.
- Ist die Erschließung im Preis enthalten.
- Muß nacherschlossen werden, und wie teuer kommt das.
- Ist das Grundstück überhaupt in der Weise, wie Sie es wünschen, bebaubar, oder brauchen Sie zusätzliche Sachverständigengutachten.
- Wenn ein altes Gebäude auf dem Grundstück steht, wie teuer kommt Sie der Abriß – dürfen Sie überhaupt abreißen.
- Fallen zusätzliche Kosten an für
  - Entwässerung (Grundstück ist zu feucht),
  - Stützmauern (der Untergrund ist nachgiebig),
  - Sprengungen (der Untergrund ist felsig, und Sie wollen voll unterkellern),
  - Abholzungen,

Kreditbedarf

- speziellen Bepflanzungsschutz,
- Abfindungen bei notwendigen Grenzverletzungen während des Baus,
- Ablösung von öffentlichen Lasten.

Die Baukosten

Für die Schätzung der »reinen Baukosten« gibt es eine Faustformel, die besagt, daß ein Kubikmeter umbauter Raum derzeit etwa 550 DM kostet. Das sicherste aber ist: Lassen Sie sich einen Kostenvoranschlag machen. Der kostet zwar unter Umständen etwas, aber er erspart Ihnen vielleicht ein »Finanzierungsdesaster«. Wenn Sie den Kostenvoranschlag haben, gehen Sie lieber sicher und schlagen Sie für die Gesamtkostenrechnung noch einmal 10% auf.

Ein notwendiger Kostenfaktor: Sie sollten sich auf jeden Fall ausreichend versichern. Die Beiträge für die notwendigen Versicherungen fallen während der Bauzeit an. Rechnen Sie sie also zu den Baukosten dazu.

Die Gebühren

Da ist einmal der Notar, dem ein eigener Abschnitt gewidmet wird, dann die Eintragungen und Änderungen im Grundbuch, die Baugenehmigung, der Makler, der Architekt, die Gutachter. Für das meiste gibt es Gebührenordnungen, so daß Sie diese Posten ziemlich genau abschätzen können.

Foto: AG Ziegeldach, Bonn

4. Der persönliche Kreditbedarf

Sie wissen jetzt mit einiger Exaktheit, wie hoch Ihr Finanzbedarf ist. Rechnen Sie sicherheitshalber noch einmal 10% hinzu.
Ihren persönlichen Kreditbedarf errechnen Sie, indem Sie alles, was Sie an Finanzmitteln realisieren können, von der Gesamtkostensumme abziehen.
Realisierbare Finanzmittel sind:
- Sparguthaben mit gesetzlicher oder mit vereinbarter Kündigungsfrist.
- Prämiensparguthaben.
- Bausparguthaben.

Bei dieser Art von Finanzmitteln müssen Sie den Terminfaktor im Auge haben.
Weitere mögliche Finanzmittel sind:
- Festverzinsliche Wertpapiere (veranschlagen Sie in Ihrer Rechnung einen Anschlag von rund 1% zur Vorsicht und wegen der anfallenden Verkaufskosten).
- Renten-Investmentfonds-Anteile (der Rücknahmepreis steht in der Tageszeitung).
- Kurswert Ihrer Aktien (mit einem Abschlag von 1,5%).
- Wenn Sie eine Grundrente beziehen und mindestens 21,

Kreditbedarf

aber nicht älter als 55 Jahre sind, können Sie Ihre Rentenansprüche kapitalisieren lassen; das gleiche können auch Bezieher einer Rente aus einer Unfallversicherung oder Kriegerwitwen.
- Wenn Sie Außenstände haben, die Ihnen demnächst zurückgezahlt werden, gehören auch diese Beträge mit auf die Rechnung.
- Sie können für Ihr Immobilienobjekt ein Wohnrecht an Dritte verkaufen, das im Grundbuch eingetragen wird.
- Wenn Sie Mietvorauszahlungen verlangen können, sollten Sie das nicht tun, ohne vorher mit Ihrem Steuerberater gesprochen zu haben.
- Wenn Sie über anderweitigen unbelasteten oder nur gering belasteten Grundbesitz verfügen, könnten Sie diesen gegebenenfalls mit einer Hypothek belasten.
- Sie können zu Finanzierungszwecken ein eventuell vorhandenes Grundstück auch verkaufen.
- Prüfen Sie, was Ihnen der Verkauf von sonstigen Vermögensgegenständen bringt, die Sie natürlich auch beleihen könnten.
- Wenn Sie eine Erbschaft machen, erhöht das natürlich auch Ihre Eigenmittel.
- Schließlich sind auch Ihre Eigenleistungen so gut wie bares Geld. Wenn Sie also über handwerkliche Fähigkeiten verfügen und absehen können, daß Sie während der Bauzeit selbst »Hand anlegen« können, dann ergibt sich eine weitere Reduzierung Ihres Kreditbedarfs.

5. Wo gibt es »billiges« Baugeld

Das **Arbeitgeberdarlehen** gehört heute in vielen Betrieben zu den freiwilligen Sozialleistungen. Es wird im allgemeinen niedriger als marktüblich verzinst, ist jedoch in seiner Höhe normalerweise stark begrenzt. Machen Sie sich darüber hinaus auch klar, daß Sie auf diese Weise auch neue Abhängigkeiten schaffen.
Fragen Sie Ihre **Versicherung.** Das bei einer Lebensversicherung aufgelaufene Guthaben beleiht man Ihnen zu niedrigen Zinsen. Voraussetzung ist allerdings, daß Sie bereits seit einer gewissen Zeit Ihre Beiträge eingezahlt haben.
Schließlich aber können Sie auch den **Staat** auf vielfältige Weise an Ihrer Finanzierung beteiligen; indirekt, indem Sie die gebotenen Steuervorteile nutzen. Der Staat hilft Ihnen aber auch direkt, sofern die entsprechenden Voraussetzungen erfüllt sind, sowohl durch einmalige Baudarlehen als auch durch laufende Aufwendungsbeihilfen. Im einzelnen sind die Förderungsprogramme von Bundesland zu Bundesland verschieden, außerdem können sich die Vorschriften auch von Jahr zu Jahr ändern. Die grundlegenden Voraussetzungen für die Gewährung öffentlicher Mittel jedoch sind überall gleich:
- Der Antrag auf Förderung muß grundsätzlich vor Beginn der Bauarbeiten gestellt sein.
- Ihr Einkommen darf eine vorgeschriebene Grenze nicht übersteigen.
- Die Wohnfläche des Objekts muß sich in bestimmten Grenzen halten.
- Sie müssen, falls Sie bauen wollen, bereits Eigentümer eines geeigneten Grundstücks sein, oder Sie müssen nachweisen, daß der Erwerb eines solchen Grundstücks gesichert ist; in diesem Sinn wird auch der Erwerb eines Erbbaurechts anerkannt.
- Sie müssen selbst eine »angemessene finanzielle Eigenleistung« aufbringen – in welcher Höhe, bestimmt das jeweilige Land; in der Regel gelten 15% als angemessen.
- Ihre spätere laufende Belastung darf – in der Regel – nicht höher sein als 35% des Familieneinkommens. Ihre Lastenrechnung wird von den zuständigen Stellen ermittelt; machen Sie trotzdem auch Ihre private Rechnung.
- Förderungswürdig ist nur die **Neubeschaffung** und der **Ersterwerb** von Wohnraum.

Einkommen

- Die Immobilie darf nur – oder muß zumindest überwiegend – zum Wohnen benutzt werden.

Die Einkommensgrenzen zu berechnen ist nicht ganz einfach, zumal es eine Fülle von Freibeträgen gibt, die unterschiedlichste Personenkreise geltend machen können. Fragen Sie Ihren Steuerberater oder Ihr Kreditinstitut oder wenden Sie sich gleich an die zuständigen Stellen. Das sind:

- In Baden-Württemberg die Bürgermeisterämter.
- In Bayern die Kreis- und Stadtverwaltungen.
- In Berlin die Bezirksämter.
- In Bremen das Amt für Wohnung und Städtebauförderung.
- In Bremerhaven der Magistrat.
- In Hamburg die Hamburgerische Wohnungsbaukreditanstalt.
- In Hessen die Kreisausschüsse der Landkreise bzw. die Magistrate.
- In Niedersachsen die Landkreis- bzw. Stadtverwaltungen.
- In Nordrhein-Westfalen die Gemeindeverwaltungen.
- In Rheinland-Pfalz die Landratsämter bzw. die Stadtverwaltungen.
- im Saarland die einzelnen Kreditinstitute.
- In Schleswig-Holstein die Kreis- bzw. Stadtbauämter.
- In den neuen Bundesländern die Stadtverwaltungen.

Sind erst einmal öffentliche Mittel im Rahmen des »öffentlich geförderten sozialen Wohnungsbaus« bewilligt, so haben Sie auch Anspruch auf sonstige Darlehen, etwa wenn in Ihrem Haushalt Schwerbehinderte leben. Bei zwei oder mehr Kindern im Haushalt gibt es einen Anspruch auf ein Familienzusatzdarlehen, unter Umständen auch, wenn Ihre Eltern in Ihrem Haushalt leben. Es gibt Darlehen für Pendler, für die junge Familie und für den Hausschutzraum, um nur einige wenige zu nennen. Für den Berechtigten tun sich also viele Möglichkeiten auf, die Finanzierung niedrig zu halten. Nur bedenken Sie eins, falls Sie zu den Berechtigten gehören: Bei öffentlich gefördertem Wohnraum gibt es strenge Bindungsvorschriften, gegen die zu verstoßen nicht ratsam ist. Diese Vorschriften betreffen:

- Das jeweilige **Einkommen** der Bewohner.
- Die **Miethöhe,** die Sie verlangen können; **Mietänderungen** sind ein schwieriges Unterfangen.
- Die Zweckbestimmung.

Den Bindungsvorschriften können Sie sich nur dadurch entziehen, daß Sie die öffentlichen Mittel **vorzeitig** zurückzahlen, damit verliert Ihre Immobilie die Eigenschaft »öffentlich gefördert«.

Sollten Sie die für den öffentlich geförderten sozialen Wohnungsbau geforderte Einkommens-

Foto: Hebel AG, Fürstenfeldbruck

Kreditbedingungen

grenze um nicht mehr als 40% überschreiten, und sollte außerdem die vorgeschriebene Wohnfläche um nicht mehr als 20% übertroffen werden, so haben Sie die Möglichkeit, Mittel aus dem Regionalprogramm des Bundes zu erhalten. Diese Mittel werden als **Aufwendungsbeihilfen bzw. -darlehen** vergeben und gelten nicht – wie die einmaligen Baudarlehen – als öffentliche Mittel im Sinn des öffentlich geförderten sozialen Wohnungsbaus. Auch dafür gibt es Bindungsvorschriften, sie sind jedoch weniger streng. Aufwendungsdarlehen werden in schrittweise abnehmenden Beträgen über einen festen Zeitraum ausgezahlt, zur Zeit meist über 12, gelegentlich aber bis zu 15 Jahre. Die Entschuldung – meist nach 15, gelegentlich auch nach 18 Jahren – erfolgt durch »Annuitäten«, also durch gleichbleibende Beträge zur Abdeckung von Zins und Tilgung (manche Bundesländer verzichten sogar – widerruflich – auf Zinsen).

6. Zu beachten: Kreditbedingungen

Bevor Sie nun Kreditangebote einholen, sollten Sie in der Lage sein, die besonderen Bedingungen dieser Angebote zu überschauen, damit Sie zuverlässige Vergleiche anstellen können. Eine kleine Einführung in die Fachausdrücke der Finanzierung ist also unumgänglich. Sie folgt hier zur leichteren Orientierung in alphabetischer Reihenfolge:

- **Auszahlungskurs** – dieser wird zwischen Ihnen und dem Kreditgeber vereinbart und gibt den Prozentsatz des von Ihnen beantragten Darlehens an, der für Sie bereitgestellt wird. Bei einer Darlehenssumme von 100 000 DM und einem Auszahlungskurs von 95% z. B. stellt der Kreditgeber 95 000 DM für Sie bereit, die Differenz ist der »Auszahlungsverlust«, auch »Damnum« oder »Disagio« genannt.

- **Bearbeitungsgebühren** – werden in der Regel von Sparkassen und Bausparkassen erhoben. Sowohl als einmalige wie als laufende Beträge bewirken sie eine Erhöhung des Effektivzinses; laufende Bearbeitungsgebühren wirken sich selbstverständlich stärker aus. Bei Bausparkassen ist die einmalige Bearbeitungsgebühr im Darlehensbetrag enthalten. Sie bekommen also die Differenz zwischen Bausparguthaben und Bausparsumme in voller Höhe ausgezahlt.

- **Bereitstellungskosten** – werden Ihnen in der Regel von den Kreditinstituten berechnet, wenn Sie nach der Bewilligung des von Ihnen beantragten Kredits diesen nicht abrufen; denn auch wenn Sie den für Sie bereitgestellten Betrag nicht abheben, entstehen dem Kreditinstitut Kosten, da es mit dem Geld nun nicht mehr arbeiten kann.

- **Effektiven Jahreszins** – nennt man den Zinssatz, den Sie für den tatsächlich empfangenen Kreditbetrag pro Jahr aufbringen. Der effektive Jahreszins hängt vom Auszahlungskurs, den Bearbeitungsgebühren, von der Anzahl der Raten pro Jahr, von der Art der Zinsberechnung usw. ab und ist sehr kompliziert zu ermitteln. Die Berechnungsweise ist durch die Preisangabenverordnung gesetzlich vorgeschrieben.

  Ist der Zinssatz nicht für die gesamte Darlehenslaufzeit festgeschrieben, muß das Kreditinstitut den »anfänglichen effektiven Jahreszins« als Vergleichsgröße nennen.

- **Laufzeit** – eines Darlehens nennt man den Zeitraum von der Bereitstellung bis zur vollständigen Rückzahlung. Über die Länge der Laufzeit können Sie nicht in jedem Fall verhandeln, beim Bauspardarlehen z. B. liegt sie fest.

- **Nominalbetrag** oder **Nennbetrag** – heißt die Summe, über die Sie Ihren Darlehensvertrag abschließen und auf die sich Ihre Zins- und Tilgungsverpflichtungen beziehen.

- **Nominalzins** – nennt man den Zinssatz, mit dem der Nominalbetrag Ihres Darlehens verzinst wird.

Zinsen und Tilgung

- **Raten** – bei Darlehensauszahlung: Sie können mit manchen Kreditinstituten eine Darlehensauszahlung auf Ratenbasis vereinbaren.
- **Restschuld** – nennt man den Betrag, der bei einer Neufestsetzung des Zinses während der Laufzeit noch zurückgezahlt werden muß.
- **Schätzgebühren** – fallen an, wenn das Kreditinstitut den Beleihungswert Ihres Projekts ermittelt.
- **Tilgungssatz** – nennt man den Prozentsatz vom Nominalbetrag, um den dieser jährlich zurückzuzahlen ist. Zusammen mit dem Nominalzinssatz bildet er die Annuität.
- **Tilgungsaussetzung** – ist bei Hypothekendarlehen möglich. Die Tilgung wird dann für einen vereinbarten Zeitraum – bis zu zehn Jahre – ausgesetzt, es fallen nur noch die Zinsen an.
- **Tilgungsstreckung** – erreicht man auch durch die Aufnahme eines Tilgungsstreckungsdarlehens, das in Höhe des Auszahlungsverlusts gewährt wird; erst nach seiner vollständigen Rückzahlung setzt die Tilgung des Hauptdarlehens ein.
- **Zinsfestschreibung** – bedeutet eine Festlegung des Zinssatzes für einen bestimmten Zeitraum – in der Regel für 3, 4, 5 oder 10 Jahre. Nach Ablauf dieses Zeitraums wird der Zinssatz neu vereinbart, dabei können evtl. ein neues Disagio und erneute Bearbeitungsgebühren anfallen.

Foto: SchwörerHaus, Hohenstein

Schließlich sei noch auf einen Begriff hingewiesen, auf den Sie bei Ihren Überlegungen und Erkundigungen immer wieder stoßen werden: die »Grundschuld«. Sie ist wie die Hypothek ein Grundpfandrecht, das vom Notar bestellt und im Grundbuch eingetragen wird. Der wesentliche Unterschied zur Hypothek ist, daß eine Grundschuld unabhängig von einer Forderung besteht, während die Hypothek das Vorhandensein genau der Forderung voraussetzt, zu deren Absicherung sie bestellt wurde. Während die Eintragung einer Hypothek nach vollständiger Rückzahlung im Grundbuch gelöscht wird, wodurch eventuell nachrangig eingetragene Schulden im Wert aufrücken, bleibt die Eintragung der Grundschuld bestehen. Der Gläubiger, für den sie eingetragen wurde, hat selbstverständlich kein Forderungsrecht mehr. Dagegen eröffnet sich nun die Möglichkeit, die Forderung auszuwechseln, also z. B. durch die Grundschuld Kontokorrentkredite abzusichern.

Als Eigentümer können Sie die Grundschuld aber auch auf sich selbst übertragen lassen. Diese

Rechtsänderung wird im Grundbuch vermerkt, und sie ist mit der Übergabe des vom Grundbuchamt ausgefertigten Grundschuldbriefs samt einer notariell beglaubigten Abtretungserklärung an Sie vollzogen. Grundschuldbriefe sind bei Kreditverhandlungen verwertbare Sicherheiten.

7. Kreditangebote im Vergleich

Die ideale Finanzierung verbindet bei gegebenem Kreditbedarf die niedrigst erreichbare Belastung mit der Rückzahlung aller Schulden innerhalb eines überschaubaren Zeitraums und einer möglichst niedrigen Zinsgesamtsumme. Leider ist diese Idealvorstellung nicht erfüllbar, was daran liegt, daß die drei grundlegenden Forderungen sich nicht miteinander in Einklang bringen lassen.

- Eine niedrige monatliche Belastung erreichen Sie bei niedrigen Tilgungen und Zinsen. Die Tilgungen sind um so niedriger, je länger die Darlehenslaufzeit ist. Mit langen Laufzeiten werden häufig Hypothekendarlehen vergeben.
- Rückzahlungen innerhalb einer bestimmten überschaubaren Frist, also relativ kurze Kreditlaufzeiten, erkaufen Sie mit einer höheren monatlichen Belastung. Typisch für diese Kombination von Eigenschaften ist das Bauspardarlehen mit seiner verhältnismäßig kurzen Laufzeit und seinen günstigen festen Zinsen einerseits und einer relativ hohen Tilgung andererseits.

Eine möglichst niedrige Zinssumme sollten Sie dann anstreben, wenn Sie ausschließlich für sich selbst bzw. Ihre Familie bauen oder kaufen wollen, das heißt, wenn Sie das betreffende Haus oder die Wohnung nicht vermieten wollen: Sie können nämlich als Eigenheimer Zinsen steuerlich nicht mehr geltend machen.

Für alle Bau- und Kaufvorhaben, die vor dem 1.1.1999 begonnen wurden, läßt sich eine Vorkostenpauschale in Höhe von 3.500,- DM steuermindernd geltend machen. Diese ist aber im Rahmen der Steuerreform mit Jahresbeginn 1999 gestrichen worden.

Sie sind in jedem Fall für eine bestimmte, mehr oder weniger lange Zeitspanne in Ihrer finanziellen Disposition eingeschränkt, bis alle Darlehen bezahlt sind.

Eine deutliche Minderung Ihres Einkommens oder das Ihrer Familie darf nicht eintreten. Sie könnten sonst in eine sehr unangenehme Lage kommen. Treffen Sie deshalb Vorsorge, damit es auch im schlimmsten Fall nicht zu einer Katastrophe kommt. Am besten schützen Sie sich durch den rechtzeitigen Abschluß der entsprechenden Versicherungen.

Zur **Vorsorge-Grundausstattung** gehört ein ausreichender Versicherungsschutz durch:

- Eine **Krankenversicherung,** wobei vor allem die Höhe des Tagegeldes zu beachten ist (private Zusatzversicherungen, die nur das Tagegeld umfassen, sind in der Regel nicht sehr teuer).
- Eine **Risikolebensversicherung,** die von den meisten Kreditgebern ohnehin verlangt wird.
- Eine **Unfallversicherung,** damit Sie auch im Fall von Erwerbsunfähigkeit durch Unfall abgesichert sind.
- Eine **Haftpflichtversicherung.**
- Eine **Bauleistungsversicherung.**

Den einfachsten Weg gehen Sie, wenn Sie sich für eine **Finanzierung aus einer Hand** entscheiden. Die Finanzierungsinstitute stellen für Sie die einzelnen »Kreditbausteine« zusammen. Sie müssen dann nur noch die Gesamtfinanzierungsangebote miteinander sorgfältig vergleichen.

Die Vorteile:
- Sie müssen mit nur einem Finanzierungsinstitut zusammenarbeiten.
- Sie haben den Vorteil, nur eine monatliche Zahlung an eine Stelle zu leisten.
- Sie haben weniger Papierkrieg zu bewältigen.

- Die Verhandlungen sind weniger kompliziert.

Die Nachteile:
- Sie kennen die einzelnen Bausteine des Finanzierungspakets vielleicht nicht im Detail.
- Sie haben deshalb weniger Möglichkeiten, später vielleicht wünschenswerte Änderungen vorzunehmen.
- Sie binden sich sehr stark und sind ausschließlich von einem Partner abhängig.

Wie aber auch immer Sie sich entscheiden mögen, beachten Sie diese Punkte:
- Vergleichen Sie nur jeweils die Angebote eines Tages, da die Konditionen von der jeweiligen Kapitalmarktlage abhängen, die sich täglich ganz entscheidend ändern kann.
- Legen Sie zur besseren Übersicht eine Tabelle an, in der Sie Kreditgeber und -art, Namen und Sachbearbeiter, mit denen Sie gesprochen haben, sowie deren Telefondurchwahl, das Angebotsdatum und die Kreditbedingungen eintragen.

Zur zuverlässigen Einschätzung und Gewichtung der drei für Sie wichtigsten Finanzierungskriterien – **Belastung, Laufzeit** und **Zinsgesamtsumme** – brauchen Sie folgende Angaben:
- Den Nominalbetrag des Darlehens.
- Den Nominalzinssatz.
- Gegebenenfalls den Zinssatz für Teilauszahlungen.
- Die Dauer der Zinsfestschreibung.
- Gegebenenfalls Höhe, Dauer und Kosten der Tilgungsstreckung.
- Die Bearbeitungs- und Schätzgebühren.
- Den tatsächlich verfügbaren Betrag.
- Die Effektivverzinsung (= die tatsächliche Verzinsung unter Berücksichtigung des Auszahlungskurses, der Laufzeit, des Nominalzinses, der Zinstermine etc. Die Berechnung erfolgt nach der Preisangaben-Verordnung [PAngV]).
- Den jährlichen Tilgungssatz (in Prozenten).
- gegebenenfalls die Anzahl der tilgungsfreien Jahre.
- Die Höhe der Belastung aus Zins und Tilgung.
- Die Tilgungszeit in Jahren, die nicht immer unbedingt mit der Laufzeit der Darlehen übereinstimmen muß.
- Die Höhe der Restschuld bei Zinsänderungen.
- Die Dauer des Zeitraums, in dem Sie keine Bereitstellungskosten zahlen müssen, sowie die Höhe dieser Kosten.
- Das Datum, von dem an die Rückzahlungen beginnen.
- Die Termine, zu denen die Rückzahlungsraten jeweils fällig werden.

Sie können jetzt anfangen, die Angebote zu »optimieren«, d. h. Sie können nun untersuchen, wie Sie die Idealziele Ihrer Finanzierung untereinander gewichten sollten, um ein Optimum zu erzielen.

8. Der Finanzplan

Die für Sie richtige **Finanzmittelkombination,** auf der Sie Ihren **Finanzplan** aufbauen, finden Sie auf folgende Weise: Zunächst bereiten Sie eine Tabelle vor, auf der Sie die verschiedenen Darlehensarten und Eigenmittel sowie die Finanzierungskriterien übersichtlich anordnen können. In die Spalten tragen Sie ein: den jeweiligen Gesamtbetrag, den Anteil an Fremdkapital und an Eigenkapital – bei Bausparverträgen unterscheiden Sie auf diese Weise Bausparguthaben und Bauspardarlehen, die jährliche Belastung, die Tilgungsdauer in Jahren sowie den Zinsgesamtaufwand.

Wenn Sie die für sie günstigste Kreditkombination gefunden haben, können Sie darangehen, die anfallenden Finanzierungskosten zusammenzustellen:
- Die Darlehensgebühren.
- Gegebenenfalls die Vermittlungsprovisionen für Kredite.
- Die Abschlußgebühren für Bausparverträge, wenn der Bausparvertrag in engem zeitlichen und wirtschaftlichen Zusammenhang mit Kauf/Bau des Hauses steht.
- Gegebenenfalls ein Entgelt für

die Übernahme zinsgünstiger Kredite, sofern Sie ein bereits belastetes Grundstück erwerben.
- Die jeweiligen Notargebühren für die Bestellung und Eintragung von Hypotheken bzw. Grundschulden.
- Die Gerichtsgebühren für die Eintragung von Hypotheken oder Grundschulden.
- Die Auszahlungsverluste,
- Gegebenenfalls Bereitstellungskosten.
- Gegebenenfalls die Zinsen für Zwischenfinanzierungen von Krediten.
- Sonstige Kosten, die für Sie bei der Besorgung der Kredite anfallen, wie z. B. Reisekosten, Verdienstausfall, Schriftverkehr, Kilometergeld.

Die oben aufgeführten Kostenpunkte und Gebühren können Sie, wenn Sie Vermieter sind, als Werbungskosten steuermindernd geltend machen. Eigenheimer haben dagegen seit dem 1.1.1999 (zuvor wurden diese Posten bei vor dem 31.12.1995 gebauten oder gekauften Immobilien steuerlich berücksichtig) keine Möglichkeit mehr, diese oben genannten Rechnungsposten dem Fiskus in Rechnung zu stellen und so Steuern zu sparen.

In Ihrem Finanzplan können Sie nun den Gesamtkosten die Ihnen zur Verfügung stehenden Finanzierungsmittel gegenüberstellen. Die Gesamtkosten setzen sich zusammen aus den Gesamtbaukosten und den Finanzierungskosten. Die Finanzierungsmittel setzen sich zusammen aus den Eigenmitteln und den Fremdmitteln. Nehmen Sie bei der Auflistung der Fremdmittel in Ihren Finanzplan unbedingt auch die jeweilige jährliche Belastung, differenziert in Zinsen und Tilgung, auf.

9. Umschuldung und Ablösung

Baufinanzierung ist eine langfristige Angelegenheit. Die Zeit ruft wahrscheinlich bei Ihren persönlichen Verhältnissen, sicher aber bei der gesamtwirtschaftlichen Situation Veränderungen hervor, die eine einmal gewählte Kreditkombination nicht mehr optimal erscheinen lassen. Sie werden daher bestrebt sein, das eine oder andere Darlehen auf Ihrem Finanzierungsplan durch ein neues, günstigeres abzulösen. Diesen Vorgang nennt man allgemein »**umschulden**«.

Das Umschulden ist eine kitzlige Sache. Bei Hypothekendarlehen ist es nicht ohne weiteres möglich, es sei denn, Sie haben eine Mindestlaufzeit und damit einen möglichen Umschuldungstermin schon von Anfang an vertraglich festgelegt. Wenn Sie ein Hypothekendarlehen ablösen wollen, muß sich die Umschuldung lohnen; denn Sie müssen nicht nur Umschreib- oder Löschungsgebühren bezahlen, sondern verärgern damit möglicherweise auch einen Ihrer Kreditgeber, den Sie später doch vielleicht einmal wieder brauchen. Sprechen Sie daher, bevor Sie umschulden, auf jeden Fall mit Ihrem Gläubiger – vielleicht kann er Ihnen ein günstigeres Angebot machen.

Umschuldungen sind auch nur sinnvoll, wenn dadurch teure Kredite durch billigere ersetzt werden, deren Laufzeiten jedoch etwa genauso bemessen sind wie die restliche Laufzeit des ursprünglichen Kredits. Andernfalls könnte Ihnen die Höhe des Zinsgesamtbetrages einen Strich durch die Rechnung machen.

Besonders günstig wirkt sich die Umschuldung oder Ablösung bei öffentlichen Baugeldern aus. Hier gewährt die öffentliche Hand unter bestimmten Umständen einen recht kräftigen Schuldennachlaß. Diese Möglichkeit sollten Sie in Erwägung ziehen, wenn Sie Eigentümer eines öffentlich geförderten Eigenheims, einer öffentlich geförderten Eigensiedlung oder einer öffentlich geförderten, eigengenutzten Eigentumswohnung sind. Zulässig ist die Ablösung der Immobilie dann, wenn seit ihrer Bezugsfertigkeit mindestens zwei, nicht aber mehr als zwanzig Jahre vergangen sind. Selbstverständlich können auch nur solche Beträge abgelöst werden, die noch nicht fällig geworden sind.

Energiespar-Haus

Foto: Hebel Haus, Alzenau

10. Die Notargebühren

Jeder, der Grundeigentum erwirbt, muß ein paar Tausender für den Notar beiseite legen. Diese Kosten zu umgehen oder zu reduzieren, ist nicht möglich.

Die Höhe der Notargebühren regelt eine spezielle Gebührenordnung mit recht komplizierten Vorschriften, an die der Notar sich halten muß. Wegen der Kompliziertheit der Gebührenordnung läßt sich auch nicht allgemeinverbindlich angeben, wieviel Prozent des Kaufpreises Sie insgesamt ansetzen müssen. Erkundigen Sie sich.

Natürlich können Sie zusätzliche Kosten vermeiden, die Ihnen dann entstehen, wenn der Notar nicht in seinen Amtsräumen oder nach 18 Uhr tätig wird.

Pauschal gesagt hängt die Höhe der Notargebühren von der Werthöhe des Geschäfts ab, dessen Gültigkeit und ordnungsgemäßes Zustandekommen der Notar beurkundet. Bei Immobilien entspricht der Geschäftswert dem Kaufpreis für die Immobilie.

Foto: Interpane, Lauenförde

Häufig werden die einzelnen Kaufpreisraten zunächst auf ein »Notar-Anderkonto« eingezahlt.

Das dient Ihrer Sicherheit und der des Verkäufers gleichermaßen. Für Sie ist dadurch gewährleistet, daß die Zahlung erst dann erfolgt, wenn Sie wirklich Eigentümer geworden sind, und für den Verkäufer ist dadurch gewährleistet, daß er sein Geld auch tatsächlich bekommt, daß Sie es also nicht in der Zwischenzeit anderweitig verwenden.

Bei einem Geschäftswert von 300 000 DM müssen Sie mit derzeit rund 1 000 DM plus Mehrwertsteuer für das Notar-Anderkonto an Gebühren rechnen.

Außer den Notargebühren fallen auch noch Gerichtsgebühren an. Bei einem Geschäftswert von 300 000 DM werden für die Eintragung ins Grundbuch derzeit rund 600 DM erhoben. Dazu kommen weitere Kosten, wenn Sie zu Ihrer eigenen Sicherheit eine »Auflassungsvormerkung« eintragen lassen, die Sie, wenn der Vorgang der Eigentumsübertragung durch Eintragung ins Grundbuch vollzogen ist, wieder löschen lassen. Notar- und Gerichtsgebühren, die mit der Finanzierung zusammenhängen, sind entweder als Werbungskosten oder als Sonderausgaben abzugsfähig.

Die Aufwendungen müssen bis

zum Einzug entstehen. Maximal dürfen Sie aber nur 3 500 DM als sogenannte Vorkosten steuersparend geltend machen.

Fallen die Kosten jedoch erst nach dem Einzug an, dann dürfen Sie diese nicht mehr gesondert dem Finanzamt in Rechnung stellen. Ihre Aufwendungen sind in diesem Fall schon durch die neue Eigenheimzulage abgegolten. Bei vermieteten Objekten werden die Notar- und Gerichtsgebühren anteilig den abschreibungsfähigen Gebäudekosten zugerechnet.

11. Belastung und Abschreibung

Immobilienerwerb wird Ihre ohnehin vorhandene Belastung langfristig verringern, sofern Sie die richtigen Maßnahmen treffen. Das beginnt damit, daß Sie Ihren Kosten, den einmaligen und den laufenden, Ihre Einnahmen gegenüberstellen. Einnahmen in diesem Sinne sind nicht nur die aus Vermietung, sondern auch Steuerersparnisse durch Geltendmachung von Abschreibungen und anderen Werbungskosten oder von Steuerabzugsbeträgen.

Zu den einmaligen Belastungen gehören die Gesamtbaukosten und die einmaligen Finanzierungskosten, von denen Sie schon wissen, daß sie sich steuermindernd auswirken. Die **Gesamtbaukosten** schlüsseln Sie nun weiter auf in Herstellungskosten und Grundstückswert. Bei dieser Rechnung können Ihnen die Sachbearbeiter der Finanzierungsinstitute helfen. Das Finanzamt erkennt für die lineare und degressive Abschreibung nur die Anschaffungs- oder Herstellungskosten an; der Grundstückswert sollte also möglichst niedrig angesetzt werden. Wenn das Finanzamt seine Zustimmung dabei versagt, können Sie gegebenenfalls einen Gutachterausschuß anrufen, den es in jeder Stadt gibt. Ihre Gemeindeverwaltung wird Ihnen gerne Auskunft geben.

Außer dem Grundstückswert sind noch folgende Kosten in der Regel nicht absetzbar:
- Straßenanlieger- und Erschließungsbeiträge.
- Anschlußgebühren für den Teil des Kanals, der außerhalb Ihres Grundstücks liegt.
- Beiträge für sonstige Versorgungsanlagen außerhalb Ihres Grundstücks.
- Gegebenenfalls von Ihnen gezahlte Zuschüsse an die Gemeinde für den Bau einer Ortsstraße zu Ihrem Grundstück.
- Der Wert Ihrer eigenen Arbeitsleistung.

Bleiben also noch die eigentlichen Herstellungskosten. Das sind die Aufwendungen für Architekten, Statiker, Handwerker, Baumaterial und Baugenehmigung. Dazu kommen einige Nebenkosten, die Ihnen sparen helfen können:
- Der Anschluß an die Versorgungsnetze.
- Der Kanalanschluß von Ihrem Haus bis zur jeweiligen Grundstücksgrenze.
- Abstandszahlungen, die Sie gegebenenfalls leisten müssen, z.B. zur Ablösung alter Wegerechte Ihrer Nachbarn oder zur Ablösung von Mietrechten, wenn Sie ein Grundstück mit einem Haus erwerben, das Sie abbrechen möchten.
- Abstandszahlungen zur Ablösung der Verpflichtung, Autoeinstellplätze zu schaffen.
- Die Einrichtung einer Sauna oder eines Schwimmbads, allerdings nur, wenn es innerhalb des Wohngebäudes liegt und nur, wenn es nicht zu einer Liebhaberei zählt. Dies wird dann anzunehmen sein, wenn das Schwimmbad oder die Sauna besonders aufwendig ausgestattet sind und nicht im Rahmen bestehender Mietverhältnisse über Wohnraum genutzt werden. Diese Einrichtungen also keine gesonderte Einkunftsquelle bilden.
- Die Kosten für Alarmanlagen. In Einzelfällen wurde auch hier von der Rechtsprechung der Zusammenhang mit den Einkünften aus Vermietung und Verpachtung abgelehnt.
- Falls Sie ein altes Haus erworben haben, die Baukosten; die

Abschreibung

Foto: DAVINCI Haus, Elben

Kosten für eine Hausrenovierung können unter bestimmten Voraussetzungen auch sofort abziehbaren Erhaltungsaufwand darstellen.
● Die Kosten für den Abbruch eines alten Hauses auf dem Grundstück, das Sie mit Abbruchabsicht erworben haben, zusammen mit dem von einem Gutachter geschätzten Restbuchwert dieses Gebäudes. Ist das Gebäude im Zeitpunkt des Erwerbs objektiv wertlos, so entfällt der volle Anschaffungspreis auf den Grund und Boden.
● Die Prozeßkosten, wenn es wegen Beanstandung von vorhandenen Baumängeln zu Streit kommt.
● Sonstige Kosten, z.B. die für das Richtfest.

Dieser ganze imposante Kostenblock sind Herstellungskosten, d. h. Sie können, verteilt auf die gewöhnliche Nutzungsdauer, die errechnete Summe in Jahresraten von Ihrem zu versteuernden Einkommen abziehen. Hierfür gibt es drei Möglichkeiten, deren Wahl Sie mit dem Steuerberater treffen sollten.

Die lineare Abschreibung nach §7Abs. 4 EStG – sie gilt für alle vermieteten Gebäude; es dürfen jährlich 2% der Herstellungs- oder Anschaffungskosten abgesetzt werden – für das erste Jahr anteilig nach Monaten. Wenn Sie ein Haus erwerben, das vor dem 1. Januar 1925 gebaut wurde, können Sie 2,5% der Anschaffungskosten jährlich abschreiben.

Die degressive Abschreibung nach §7 Abs. 5 EStG – ein Gebäude, das Sie herstellen lassen oder das Sie in demselben Jahr erwerben, in dem es fertiggestellt wurde, können Sie degressiv abschreiben, es sei denn, es wird von Ihnen selbst genutzt; diese Abschreibungsart erlaubt Ihnen, in den ersten 8 Jahren 5%, in den folgenden 6 Jahren 2,5% und in den folgenden 36 Jahren 1,25% der Herstellungs- oder Anschaffungskosten abzusetzen.

Die neue Eigenheimzulage sorgt für Klarheit und Berechenbarkeit für Bauherren und Erwerber, bei zu eigenen Wohnzwecken genutzten Wohnungen oder Gebäuden. Die Eigenheimzulage, die aus einem Fördergrundbetrag und ggf. einer Kinderzulage besteht, wird 8 Jahre lang gewährt.

Laufende Kosten

Bei Neubauten beträgt der Fördergrundbetrag während des Förderzeitraumes jährlich 5% der Anschaffungs- und Herstellungskosten, max. 5000 DM.

Für Objekte, die im 3. Jahr oder später nach dem Jahr der Fertigstellung angeschafft werden (Altbauten), wird ein Fördergrundbetrag von max. 2500 DM jährlich bezahlt.

Innerhalb des Förderzeitraumes von 8 Jahren kann die Eigenheimzulage ab dem Jahr in Anspruch genommen werden, ab dem der durchschnittliche Gesamtbetrag der Einkünfte dieses Jahres und des Vorjahres 120000/240000 DM (ledig/verheiratet) nicht übersteigt.

Den höchsten Anteil an Ihren **laufenden Kosten** dürften wohl die Beträge für Zins und Tilgung der aufgenommenen Kredite beanspruchen. In Ihrer Rechnung müssen Sie hier auch wieder trennen, denn der Fiskus erkennt Tilgungsbeträge nicht als absetzbar an.

Die übrigen laufenden Kosten entstehen Ihnen unter anderem durch:
- Grundsteuern.
- Gebühren für Kanal, Straßenreinigung, Schornsteinfeger und Müllabfuhr, Beiträge für Versicherungen, die Sie für das Haus abschließen (z.B. Haftpflicht, Feuer, Öltank).
- Schönheitsreparaturen und Instandhaltungskosten.
- Modernisierungen.
- Besondere Kosten für die Verwaltung Ihrer Immobilie, z.B. für einen Hausmeister.
- Beleuchtung der dazugehörenden Außenanlagen.
- Pflege der Grünanlagen.
- Bewirtschaftungskosten.
- Maklergebühren für die Findung von neuen Mietern.

Hier öffnet sich für den, der vermietet, ein weites Feld, sein zu versteuerndes Einkommen steuermindernd zu reduzieren; denn alle diese Posten sind bei Vermietung grundsätzlich als Werbungskosten geltend zu machen. Für jemanden, der eine eigengenutzte Eigentumswohnung oder ein eigengenutztes Eigenheim beziehen will, gilt dies nur bis zum Tag seines Einzugs, aber nur für Renovierungskosten max. bis zu 22500 DM – daneben wird eine Vorkostenpauschale in Höhe von 3500 DM im Rahmen der Eigenheimzulage gewährt. Wer Wohnraum vermietet, kann diesen Kostenblock dagegen weiter als Werbungskosten geltend machen. Selbstverständlich werden die zu versteuernden Mieteinnahmen aber gegengerechnet.

Foto: Hebel AG, Fürstenfeldbruck

Grundstückssuche

Bauland ist knapp

So können Sie ein Grundstück finden und beurteilen

Das »richtige« Grundstück: Das sagt sich leicht, wird aber oft nur schwer gefunden; denn was nützt Ihnen das schönste Grundstück in schönster Lage, wenn Sie darauf Ihr ganz spezielles Bauvorhaben nicht durchführen können. Die Gründe dafür können vielfältig sein:

- Es handelt sich um ein Grundstück, das einer bestimmten Nutzungsbindung unterliegt, d. h. es darf nur zu landwirtschaftlichen oder forstlichen oder z. B. auch militärischen oder anderen Zwecken verwendet werden.
- Es handelt sich um Bauerwartungsland; hier zahlen Sie zwar schon eine erhöhte Grundsteuer, es kann aber unter Umständen noch geraume Zeit dauern, bis Sie auf Ihrem Grundstück tatsächlich bauen dürfen.
- Es handelt sich um ein Grundstück mit besonderen Bauauflagen, d. h. Sie können Ihr Baukonzept möglicherweise gar nicht durchführen, weil nur ganz bestimmte Hausformen auf diesem Grundstück zugelassen sind.
- Ihr Grundstück ist tatsächlich als Bauland ausgewiesen, im Baugenehmigungsverfahren stellt sich heraus, daß Bau und Benutzung Ihrer Immobilie »öffentliche Belange beeinträchtigen« würden. So etwas kann Ihnen z. B. passieren, wenn Sie Bauland im sogenannten »Außenbereich« einer Gemeinde erwerben; solch ein Außenbereich schließt an ein baulich bereits genutztes Gebiet an, es gibt jedoch dafür noch keinen Bauleitplan. Öffentliche Belange werden beispielsweise dann beeinträchtigt, wenn die Gemeinde Ihretwegen unwirtschaftliche Aufwendungen für Straßen- und andere Verkehrseinrichtungen, Versorgungsanlagen, für die Sicherheit, für die Gesundheit oder andere Aufgaben hätte. Sollte Ihnen also tatsächlich ein Bauplatz im Außenbereich einer Gemeinde in die Augen stechen, so sprechen Sie auf alle Fälle vorher mit dem zuständigen Bauamt und der Gemeinde; denn diese beiden entscheiden letztlich, ob Sie bauen dürfen.
- Aber auch wenn alles in Ordnung ist, könnte sich später herausstellen, daß Ihre Finanzkraft überstrapaziert wird dadurch, daß die Erschließungskosten zu hoch sind; dann nämlich, wenn Sie es versäumt haben, vorher nachzufragen, ob die Erschließungskosten bereits im Kaufpreis enthalten sind.

1. Neun Wege zum richtigen Grundstück

Natürlich gibt es mehr als nur neun Wege zum richtigen Bauland. Wenn Sie beispielsweise in der beneidenswerten Lage sind, ein bebauungsreifes Grundstück zu erben, so wissen Sie das bereits seit einer längeren Zeit, und Sie haben sich dann auch wohl schon Gedanken über die Verwendung Ihrer Erbschaft gemacht.

Neben diesem »Königsweg« zum richtigen Grundstück gibt es u.a. noch folgende Möglichkeiten:

- Sie suchen Ihr Idealgrundstück auf eigene Faust, d. h. Sie studieren zunächst nicht die Angebote in den Immobilienanzeigen, sondern nehmen die Gegend, in der Sie am liebsten bauen möchten, daraufhin in Augenschein, ob dort überhaupt freie Grundstücke vorhanden sind. Das ist allerdings ein zeitaufwendiges Verfahren. Wenn Sie nun in Ihrer »Wunschgegend« ein unbebautes Grundstück entdecken sollten, müssen Sie daran gehen, alles über dieses Grundstück und seinen Besitzer in Erfahrung zu bringen (fragen Sie die Nachbarn und ziehen Sie Erkundigungen bei der Gemeinde ein).

- Sie lassen sich durch Ihre Gemeinde ein Grundstück vermitteln. Die Gemeinden sind durch das Wohnungsbaugesetz des Bundes verpflichtet, geeignete Grundstücke für die Bebauung mit Familienheimen zu angemessenen Preisen zu verkaufen oder im Erbbaurecht zu überlassen. Darüber hinaus sind sie verpflichtet, Bauwilligen, die ein Baugrundstück erwerben wollen, bei dem Erwerb

Foto: KEWO, Schleiden

eines geeigneten Baugrundstücks zu helfen und sie zu beraten. Das ist ein schöner und leichter Weg, wenn Sie an Ihrem Wohnsitz bauen wollen; nur ist er häufig nicht gangbar, da Bauland eben knapp ist.

- Bitten Sie Ihre Verwandten und Freunde, Ihnen suchen zu helfen; dieser Weg ist nicht nur kostenlos für Sie, sondern auch in vielen Fällen äußerst erfolgreich.

- Nehmen Sie sich an den Wochenenden Zeit für die großen Immobilienanzeigen Ihrer Tageszeitung und inserieren Sie selbst.

- Wenden Sie sich an eine Bausparkasse; fast alle Bausparkassen haben heute Immobilienvermittlungsstellen, die entweder wie Makler tätig sind oder zentral über Bauland informieren. Die Informationen sind für Sie kostenlos, während Sie für eine Grundstücksvermittlung eine Gebühr bezahlen müssen. Diese Vermittlungsgebühren sind branchenüblich und auch begründet, denn bei der Grundstücksvermittlung fallen Kosten an, die zwischen 2 und 6% der Kaufsumme liegen können. Wenn ein Kaufvertrag nicht zustande kommt,

Grundstücksüberprüfung

- kann gegebenenfalls auch ein Aufwendungsersatz gefordert werden.
- Der klassische Weg zum richtigen Grundstück führt über den Makler. Achten Sie darauf, wenn Sie zu einem Makler gehen, daß er für das Gewerbe auch zugelassen ist. Makler, die in Verbänden organisiert sind, bieten eine zusätzliche Sicherheit für Seriosität, da solche Verbände die Zuverlässigkeit eines Maklers in einem speziellen Aufnahmeverfahren prüfen.
- Lassen Sie sich stets von einem Architekten beraten, dem Sie vertrauen und der Ihre speziellen Bau- und Ausstattungswünsche kennt. Es gehört zu seinem Beruf, beurteilen zu können, wie ein entsprechendes Grundstück beschaffen sein muß und wie es am günstigsten zu erwerben ist. Ihr Architekt darf selbstverständlich kein Grundstück vermitteln, ebensowenig, wie Sie sich an ihn dadurch binden, daß Sie von ihm in dieser Angelegenheit beraten worden sind.
- Wenn Sie sich für den Immobilienerwerb nach dem Bauträgermodell entschieden haben, können Sie sich an eine freie oder gemeinnützige Wohnungsbaugesellschaft wenden; solche Unternehmen kaufen häufig Bauland auf Vorrat und können Ihnen günstige Angebote machen.
- Schließlich sind auch manche Baubetreuungsfirmen gegebenenfalls in der Lage, Ihnen Bauland anzubieten. In der Regel werden diese Grundstücke allerdings nur im Zusammenhang mit einem Bauleistungsvertrag an Interessenten abgegeben.

2. Die Ortsbesichtigung

Bevor Sie sich zum Kauf eines Ihnen angebotenen Grundstücks entschließen, sollten Sie es eingehend prüfen, zunächst durch eine Ortsbesichtigung, am besten zusammen mit Ihrem Architekten oder mit Freunden, die auch schon einmal in Ihrer Situation waren und sie als erfolgreiche Bauherren bestanden haben, jedenfalls aber in kritischer und fachkundiger Begleitung.

Da nun aber der Augenschein auch trügen kann, brauchen Sie zur sicheren Beurteilung des Angebots noch:
- Den Lageplan Ihres Grundstücks im Maßstab 1:1000; Sie erhalten ihn mit den genauen Abmessungen des Sie interessierenden Grundstücks beim Katasteramt oder der jeweiligen Gemeinde.
- Den Bebauungsplan, ebenfalls im Maßstab 1:1000; Sie erhalten ihn bei der Planungsbehörde oder der Gemeinde.
- Den Flächennutzungsplan, den Sie bei der Gemeinde einsehen können; am besten lassen Sie sich ihn fotokopieren.

Die Lage und Belichtung des Grundstücks

Vergleichen Sie Ihre Beobachtungen an Ort und Stelle mit den Angaben auf dem Lageplan und machen Sie sich gegebenenfalls Notizen. Achten Sie auf die Lage des Grundstücks zur Straße und zu den Himmelsrichtungen. Ein nordsüdlich ausgerichtetes Grundstück ist im allgemeinen »benutzerfreundlicher«, z. B. in bezug auf den Freizeitwert, als ein ostwestlich orientiertes. Das gilt allerdings nur dann, wenn die Straße nicht ausgerechnet an seiner Süd- oder Westseite entlang verläuft. Ein solcher Straßenverlauf kann sich dagegen auch günstig auswirken, dann nämlich, wenn Sie das von Ihnen gebaute Objekt auch geschäftlich nutzen wollen und deshalb Publikumsverkehr haben.

Die Bodenverhältnisse

Im allgemeinen genügt es, hierüber mit einem ortsansässigen Bauunternehmer, aber besser noch mit Ihren zukünftigen Nachbarn zu reden.
Fragen Sie nicht nur nach der Bodenart, sondern erkundigen Sie sich auch gleich nach dem Grundwasserstand. Es würde Ihre Finanzierung ganz erheblich beeinflussen, wenn das Grund-

Erschließung

Wasserniveau sehr hoch wäre, denn dann müßte das Untergeschoß als eine wasserdichte Betonwanne hergestellt werden, das Grundstück aufgeschüttet oder auf die Unterkellerung ganz verzichtet werden.

Bei der Beurteilung eines Hanggrundstücks hinsichtlich seiner Bodenverhältnisse sollten Sie von vornherein einen Fachmann, einen Geologen oder Statiker hinzuziehen. Er kann Ihnen sagen, ob gegebenenfalls Stützmauern gebaut werden müssen, besondere Vorrichtungen gegen Hangwasser anzubringen oder Erdauffüllungen vorzunehmen sind.

Die Verkehrserschließung

Trotz bester Lage und Belichtung bei tadellosen Bodenverhältnissen kann dieser Punkt von entscheidender Bedeutung sein, z. B. dann, wenn Sie sich entschlossen haben, ein Fertighaus zu erwerben, und es sich herausstellt, daß z. B. die vorhandenen Wege zu dem Grundstück für schwere Fahrzeuge nicht befahrbar sind. Darüber hinaus sind weite Wege, verbunden mit einer niedrigen Verkehrsfrequenz öffentlicher Verkehrsmittel, nicht nur lästig, sondern können auch ins Geld gehen; entweder dadurch, daß Sie sich genötigt sehen, einen Familien-Zweitwagen anzuschaffen, oder durch hohe Taxirechnungen für eilige und notwendige Besorgungen. Dieser Punkt ist besonders wichtig, wenn mehr als ein Familienmitglied regelmäßig beruflich tätig ist, wenn also sowohl tägliche Fahrten zu den Arbeitsplätzen stattfinden als auch tägliche Besorgungen erledigt werden müssen.

Wie der Weg von dem Ihnen angebotenen Grundstück zu Ihrem Arbeitsplatz zu bewältigen ist, prüfen Sie am besten, indem Sie ihn mit den zur Verfügung stehenden Verkehrsmitteln – öffentlichen und privaten – zu verschiedenen Tageszeiten abfahren.

Die umliegende Bebauung

Aus dem Ihnen vorliegenden Lageplan kennen Sie schon die

Foto: Hebel AG, Fürstenfeldbruck

Infrastruktur

Bebauungsverhältnisse in der Umgebung des Ihnen angebotenen Grundstücks. Der Aufenthalt an Ort und Stelle kann Ihnen hier wichtige Erkenntnisse bringen, die Sie dem Plan nicht ohne weiteres entnehmen. Beispielsweise wohnt auf dem südlichen oder westlichen Nachbargrundstück offenbar ein Freund hochwachsender Bäume, was die schöne Nord-Süd-Ausrichtung des Ihnen angebotenen Grundstücks stark entwertet: Spätestens am Nachmittag, wenn Sie Ihre Freizeit genießen möchten, liegt es im Schatten uns Sie bekommen keine Sonne mehr.

Oder Sie stellen fest, daß Ihre schöne Aussicht durch eine Industrieansiedlung gestört wird. Oder Sie bemerken, daß eine in geringer Entfernung verlaufende Hauptverkehrsader sich durch störenden Lärm bemerkbar macht, bei dem Sie sich in Ihrem Garten nicht erholen und entspannen könnten. Dies vermindert den Freizeitwert Ihres Grundstücks sehr stark.

Ganz schlimm wird es, wenn Sie vor dem Lärm der Stadt aufs Land flüchten und dabei in die Einflugschneise eines Flughafens geraten. Wenn Sie geruchsempfindlich sind, halten Sie nicht nur nach Industrieanlagen Ausschau, achten Sie auch auf die Lage vorhandener Müll-Deponien und auf industriell genutzte Gewässer.

Die Infrastruktur
Je besser sie in dem Gebiet ist, in dem Ihnen ein Grundstück angeboten wird, desto höher ist auch der Grundstückswert.

Nehmen Sie sich deshalb bei Ihrer Ortsbesichtigung die Zeit, einen Rundgang durch die Gemeinde, in der Sie sich niederlassen wollen, zu machen, und beachten Sie dabei sehr aufmerksam vor allem folgendes:

- Ihre ärztliche und zahnmedizinische Versorgung sollte auch am Ort gesichert sein.
- Kirchliche und soziale Einrichtungen sollten vorhanden und auf kurzen Wegen erreichbar sein.
- Es sollten Einkaufsmöglichkeiten vorhanden sein, die mehr als nur den elementaren Grundbedarf decken.
- Prüfen Sie, ob Ihre Bank eine Filiale am Ort hat.
- Kurze Wege zu den Sitzen der öffentlichen Verwaltung ersparen Zeit und Geld.
- Für Familien mit Kindern sollten Kindergärten, Kinderspielplätze und nicht nur eine Grundschule am Ort vorhanden sein.
- Darüber hinaus sollten Ihnen Möglichkeiten geboten werden, Sport oder andere Freizeitbeschäftigungen auszuüben, und im Idealfall liegt das Ihnen angebotene Grundstück am Rande eines Naherholungsgebiets.

3. Der Bebauungsplan

Für Sie als Bauherrn ist es am günstigsten, wenn sich das Baurecht unmittelbar und zweifelsfrei aus dem Bebauungsplan ergibt. Das ist der Fall, wenn für Ihr Grundstück ein »qualifizierter« Bebauungsplan nach § 30 des Bundesbaugesetzes vorliegt.

Ein solcher Bebauungsplan – eine Gebietskarte im Maßstab 1:1000 – gibt alle von Ihnen zu beachtenden Mindesterfordernisse an, deren Einhaltung die planungsrechtliche Zulässigkeit Ihrer Baumaßnahmen garantiert. Ein Bebauungsplan enthält unter anderem folgende Angaben:

- **Baulinien** – wenn eine Baulinie eingetragen ist, so müssen Sie auf dieser Linie bauen. Geringfügige Abweichungen können meistens zugelassen werden.
- **Baugrenzen** – wenn Baugrenzen angegeben sind, dann dürfen die Gebäude oder Gebäudeteile diese nicht überschreiten; geringfügiges Überschreiten kann auch hier zugelassen werden.
- Anzahl der **Vollgeschosse** – was im einzelnen solche »Vollgeschosse« sind, erklären die Landesbauordnungen verschieden; am besten fragen Sie bei der Gemeinde nach, wenn Sie den Bebauungsplan einsehen oder abholen.

- **Grundflächenzahl** – sie gibt den Flächenanteil des Baugrundstücks an, der von den baulichen Anlagen überdeckt werden darf. Auf dem Bebauungsplan ist die **GRZ** als Faktor eingetragen, mit dem Sie die Quadratmeterzahl des von Ihnen gewünschten Grundstücks multiplizieren müssen. Die Grundflächen von Nebenanlagen, wie z. B. Garagen, überdachten Stellplätzen, Mülltonnenhäuschen, Pergolen usw., werden dabei nicht mitgerechnet; dasselbe gilt für Balkone, Loggien und Terrassen; beachten Sie aber hierbei die jeweilige Festsetzung der Baugrenzen.
- **Geschoßflächenzahl** – sie gibt an, wie groß die Summe der Vollgeschoßflächen des zu errichtenden Hauses sein darf, zuzüglich der summierten Gesamtfläche von Aufenthaltsräumen in anderen Geschossen samt den dazugehörenden Treppenräumen. Gemessen werden jeweils die Außenmaße, d. h. bei Innenräumen müssen Sie die Wandstärke einbeziehen. Die **GFZ** wird ebenfalls als Faktor angegeben, mit dem Sie die Grundstücksfläche multiplizieren müssen.

Die im Bebauungsplan festgelegten **Gestaltungsrichtlinien** schreiben Ihnen u. a. folgendes vor:

- Dachform, Dachneigung, Traufhöhen, Sockelhöhen, Dachüberstände, Material- und Farbgestaltung der Dachdeckung für die Haupt- und Nebengebäude.
- Gestaltung, Material und Farbgebung der Fassade.
- Einfriedungsart und -höhe.
- Bepflanzungsart; dabei wird in der Regel auch angegeben, wann spätestens nach Fertigstellung des Wohngebäudes die Anpflanzungen vorzunehmen sind.

Erkundigen Sie sich auf alle Fälle bei der Genehmigungsbehörde, ob Bebauungsplan-Änderungen gerade bearbeitet oder beantragt werden, um nicht nach dem Grundstückskauf vor einer völlig veränderten Situation zu stehen.

4. Der Flächennutzungsplan

Im Flächennutzungsplan weist eine Gemeinde nach, wie die zu ihr gehörenden Grundstücke bauplanungsrechtlich eingeordnet sind. Anders als beim Bebauungsplan wird aber noch keine rechtsverbindliche Festsetzung getroffen. Wenn das Gebiet, in dem Ihr Grundstück liegt, nach dem Flächennutzungsplan Bauland ist, heißt das noch nicht, daß Sie auch ein baureifes Grundstück haben. Die Baunutzungsordnung teilt die Baugebiete nach **Nutzungsarten** ein, die jeweils im Flächennutzungsplan ausgewiesen sind.

SOLARENERGIE GEWINNEN UND OPTIMAL NUTZEN

Solarenergie gewinnen und optimal nutzen

von Hüttmann/Wraneschütz
144 Seiten, Broschur
44,– DM, zzgl. Versand

Bauherren und Hausbesitzer stehen vor einer wichtigen Entscheidung, wenn Sie die Energieversorgung Ihres Hauses planen: Neben Gas, Öl und Strom wird immer öfter als alternative Energiequelle die Sonne genannt. Dieses Buch liefert praktische Informationen u. a. zu:

- Wie solarthermische und photovoltaische Anlagen aufgebaut sind.
- Welche Art für den jeweiligen Zweck am besten geeignet ist.
- Wie man eine solare Brauchwasseranlage plant, montiert und wartet.
- Wie man Größe und Ertrag von Photovoltaik-Anlagen berechnet.

Dachdeckung

Ein Dach über dem Kopf

Der Dachstein – wirtschaftlich und umweltverträglich

Dachsteine aus Beton gehören seit Jahren zu den beliebtesten Bedachungsmaterialien. 1998 wurden in Deutschland Dachsteine für nahezu 60 Millionen Quadratmeter Dachfläche produziert. Der meistverkaufte Dachbaustoff bei Neubau und Renovierung begann bereits in den 50er Jahren seine Erfolgsgeschichte auf deutschen Dächern. In den vergangenen Jahren haben die führenden Hersteller den Dachstein kontinuierlich weiterentwickelt und den neuesten Ansprüchen an modernes Bauen und Wohnen angepaßt. Dachsteine sind wirtschaftlich – sowohl im Preis als auch in der Verlegung. Außerdem entsprechen sie den zeitgemäßen Anforderungen an umweltfreundliches Bauen.

Stilvolle Lösungen für alle Geldbeutel
Dachsteine gehören besonders deshalb zu den beliebtesten Baustoffen, weil sie in vielen Farben und Formen erhältlich sind. Ob Klassiker in Rot und Braun, regionale Favoriten in grauer Optik oder moderne Designermodelle in blauen, grünen oder gelben Farbtönen – Dachsteine aus Beton ermöglichen individuelle und kreative Dächer in allen Preislagen.

Ein weiteres Argument, das die große Beliebtheit von Dachsteinen erklärt, ist die wirtschaftliche Verlegbarkeit des Dachdeckungsmaterials. Mit zehn Dachsteinen pro Quadratmeter sind sie besonders günstig zu verlegen. Ihre extrem hohe Maßgenauigkeit und variable Höhenüberdeckung sorgen für schnelle Verarbeitung und sparen damit Handwerkerkosten.

Die von den Dachsteinherstellern speziell entwickelten Formsteine und Dach-Systemteile ermöglichen neben der wirtschaftlichen auch die technisch perfekte Dachdeckung. Paßgenau und ästhetisch ansprechend runden die Systemsteine das Gesamtbild des Daches ab. Dach-Systemteile werden passend zu den Dachsteinen in vielfältigen Varianten angeboten.

Ressourcenschonend hergestellt und recyclebar
Umweltbewußtsein ist auch am Haus mittlerweile kein Randthema mehr. »Ökologisches Bauen« beginnt bei der Materialauswahl und reicht bis zur Müllvermeidung am Bau. Im Vergleich erweisen sich Dachsteine aus Beton als besonders umweltverträglich:

Dachdeckung

Das beginnt bereits bei der Materialwahl. Wer auf Umweltverträglichkeit setzt, sollte die Zusammensetzung der Produkte und die Einzelheiten ihrer Herstellung beachten. Die Herstellung von Dachsteinen ist besonders energiesparend. Ihre Zusammensetzung – 70 Prozent Sand, 20 Prozent Zement, Wasser und farbgebende Eisenoxidpigmente – garantiert nicht nur eine hohe Festigkeit, sondern auch einen vergleichsweise geringen Energieverbrauch in der Produktion. Nur der Zementanteil muß gebrannt werden. Seine Festigkeit erhält der Dachstein durch Aushärten in einer Trockenkammer.

Lange Lebensdauer und Recyclingfähigkeit

Langlebigkeit ist ein Garant für einen sparsamen Umgang mit Ressourcen. Dachsteine aus Beton, die so langlebig sind, daß ihre Hersteller sie mit einer 30jährigen Garantie gemäß besonderer Urkunde ausgestattet haben, schonen nicht nur das Portemonnaie des Bauherren, sondern auch die Umwelt. Denn sie müssen erst nach sehr langer Zeit ersetzt werden.

Wenn das Dach doch einmal in die Jahre kommt oder auch nur einzelne Dachsteine ausgewechselt werden müssen, erweist sich der Baustoff Beton als vorteilhaft. Denn die ausgedienten Produkte können zurückgenommen und in speziellen Wiederaufbereitungsanlagen zu »Recyclingsand« verarbeitet werden. Der auf diese Weise neugewonnene Rohstoff kann wieder zur Herstellung neuer Dachsteine verwendet werden – ein Verfahren, das Rohstoffe spart und Deponien schont.

Mit Dachsteinen gedeckte Dächer sind nicht nur schön, wenn sie neu sind. Bei den neuen Dachstein-Generationen sorgen die neuen Oberflächenveredelungen dafür, daß der Regen Staub- und Schmutzpartikel einfach abwaschen kann. Bemoosung wird so nachhaltig vorgebeugt. So bleiben die Dachsteine dauerhaft schön.

Weitere Informationen:
Informationsbüro Dachstein,
Tel.: 01805-671003

Fotos: Informationsbüro Dachstein

Ausbau mit Gipsplatten

Flexibel, platzsparend und kostengünstig

Wer heute seine eigenen vier Wände plant, tut dies zunehmend mit einem geschärften Blick auf Kosten und Nutzen. »Möglichst viel Haus fürs Geld«, so heißt die Devise, zu deren praktischer Umsetzung moderne Bautechniken wie der trockene Ausbau mit Gipsplatten einen wichtigen Beitrag leisten können.

Unter trockenem Ausbau versteht man die Erstellung nichttragender Trennwände zur Grundrißaufteilung wie auch die Bekleidung des tragenden Massivmauerwerks sowie von Decken und Dachschrägen mit großformatigen Gipsplatten, die mit der Unterkonstruktion verschraubt oder bei der Bekleidung von Massivwänden auch verklebt werden.

Beim Trennwandbau wird die tragende Konstruktion von Metallprofilrahmen mit senkrechten Ständern gebildet und anschließend beidseitig mit Gipsplatten bekleidet. Eine Dämmschicht im Innern der Tragkonstruktion sorgt je nach Materialauswahl für einen wirksamen Schall- und Wärmeschutz.

Auch Estriche lassen sich im Trockenverfahren mit speziellen Gipsplatten herstellen. Die einfache Verarbeitung erlaubt es dem geschickten Bauherrn auch, beim Ausbau selbst Hand anzulegen.

Schlanke Trennwände mit beidseitiger Gipsplattenverkleidung ermöglichen eine individuelle Grundrißaufteilung nach Maß und Bedarf.

1. Der trockene Ausbau erobert den Wohnungsbau

Bei Neubau von Hotels, Bürohäusern, Kliniken und ähnlichen Objekten längst Stand der Technik, kommt der trockene Ausbau jetzt zunehmend auch im privaten Wohnungsbau zum Einsatz. Für ihn sprechen auch hier viele überzeugende Vorteile, und so ist es nicht verwunderlich, daß der Pro-Kopf-Verbrauch an Gipsplatten in Deutschland seit 1990 von ca. 1,2 auf jetzt ca. 3 m^2 gestiegen ist und trotz gedämpfter Baukonjunktur eine weitere steigende Tendenz zeigt.

2. Warum trocken ausbauen?

Der trockene Ausbau sorgt zunächst einmal für eine schnellere Fertigstellung des Hauses, denn er bringt – anders als konventionell verputztes Mauerwerk – keine Feuchtigkeit ins Haus und erlaubt so durch Wegfall von Trockenzeiten einen **schnelleren Fortschritt** des Innenausbaus.
Mit Gipsplatten bekleidete Ständerwerke sind zudem 25 bis 30 Prozent **preisgünstiger** als konventionell errichtete Massivwän-

Ausbau mit Gipsplatten

de. Schlanke, in der Regel nur 8 bis 10 cm dicke Gipsplattenwände zeichnen sich zugleich gegenüber erheblich dickerem Mauerwerk durch einen gleichwertigen oder gar besseren Schall- und Wärmeschutz aus. Sie bieten so bei hohem Wohnkomfort **rund zwei Prozent mehr Wohnfläche**.
Eine weitere, verlockende Perspektive ist die **hohe Flexibilität in der Grundrißgestaltung**.
Der trockene Ausbau läßt Wandverläufe in praktisch jedem Winkel zu, er macht runde Wandübergänge ebenso leicht möglich wie Gewölbedecken.

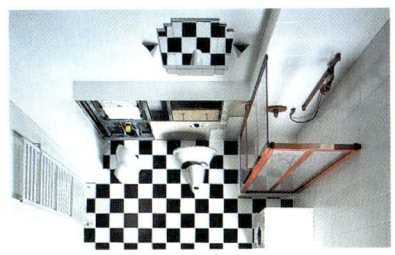

Kostengünstige Vorwand-Installation hinter Gipsplatten.

Auch in häuslichen Naßbereichen sind Gipsplatten einsetzbar, denn dank Imprägnierung in Verbindung mit speziellen Abdichtungen und Klebern sind selbst Spritzwasserbereiche in **Bad und Dusche kein Problem**. Außerdem lassen sich die Leitungen im Bad kostengünstig vor einer tragenden Wand installieren und anschließend hinter einer Vorsatzschale aus Gipsplatten verstecken.
Wer trocken ausbaut oder umbaut, hat nicht zuletzt eine gute Chance, sein Haus oder seine Wohnung relativ leicht sich eventuell ändernden Bedürfnissen anzupassen, denn trocken errichtete Gipsplattenwände lassen sich bei Bedarf ohne großen Aufwand auch wieder entfernen. So gelingt es zum Beispiel problemlos, aus zwei Räumen wieder ein großes Zimmer zu machen, wenn die Kinder ausziehen.
Das relativ geringe Gewicht nichttragender Trennwände aus Gipsplatten bereitet kaum Statikprobleme. So lassen sich Trennwände praktisch überall einziehen, ohne die Decken über Gebühr zu belasten.
Trotz schlanker Bauweise sind Trockenbauwände übrigens durchaus **hart im Nehmen**. An einem einzigen Dübel lassen sich rund 50 kg verankern, so daß weder Hängeschränke noch große Bilder zum Problem werden.
Und selbst wenn es darum geht, einen schweren Doppelwaschtisch zu montieren oder gar einem Hänge-WC Halt zu bieten, sind Gipsplattenwände eine praxisgerechte Lösung. In das Ständerwerk der Wandkonstruktion integrierte Konsolen nehmen die auftretenden Belastungen sicher auf.
Ein weiteres Merkmal mit Gipsplatten bekleideter Wände ist ein **perfekt glatter, sofort tapezierfähiger Untergrund**. Das spart durch Wegfall des sonst üblichen Verputzens wiederum Zeit und garantiert zudem ein optimales Tapezierergebnis.

Schließlich sorgen Gipsplatten auch für ein rundum **gesundes Wohnklima**, denn sie nehmen überschüssige Luftfeuchtigkeit auf und geben sie später dosiert wieder an die Raumluft ab.
Und auch wenn es um den Brandschutz geht, spricht einiges für den trockenen Ausbau, denn in jedem Quadratmeter Gipsplatte von 10 mm Dicke sind rund zwei Liter Löschwasser als Kristallwasser gebunden. Dieses wird bei Feuereinwirkung freigesetzt und entzieht dem Feuer Energie.

Das Ständerwerk aus Metallprofilen ist die stabile Unterkonstruktion für die Gipsplatten einschließlich der zwischenliegenden Dämmung.

Eine kostenlose 18-seitige Broschüre mit dem Titel »Für Räume, die das Leben plant«, informiert Bauherren über die Vorteile und Möglichkeiten, die der trockene Ausbau mit Gipsplatten beim Bau von Wohnungen und Einfamilienhäusern bietet. Kontaktadresse: Industriegruppe Gipsplatten, Postfach 10 23 31, 69021 Heidelberg, Tel. 0 18 02/34 98 00.

Planung

Individuelles Planen und Gestalten

So können Sie Haus und Wohnung systematisch entwerfen

1. Planungsvorbereitung und Bauphysik

Die »Kostenexplosion beim Hausbau« ist immer schon ein beliebtes Thema gewesen – selbst in der »guten alten Zeit« –, vor allem für Leute, die zwar immer wieder überlegen, ob sie nicht doch bauen sollten, die aber immer wieder den endgültigen Schritt, die Entscheidung, scheuen. Natürlich ist etwas Wahres daran; das weisen alle langfristigen Statistiken aus, die man zu Gesicht bekommt. Selbst sinkende Hypothekenzinsen, Energiepreise auf Discountniveau und günstige Grundstücksangebote sollten uns nicht in allzu großer Sicherheit wiegen. Auf die Dauer wird das Leben und damit auch das Bauen immer teurer. Viel wichtiger aber als diese für das Bauen wieder günstigeren Markttendenzen ist es, daß Sie selbst es in der Hand haben, unnötige Bau- und Folgekosten zu vermeiden.

Bevor man sich daran macht, mit gespitztem Bleistift Quadratmeter zu addieren und Raumgruppen zu bilden, sollte man sich über eines im klaren sein: Am Anfang jeder Planung stehen Kenntnisse der Physik im allgemeinen und der Bauphysik im speziellen – vor allem, wenn es um den **Rohbau** geht.

Der gründlich informierte Bauherr wird z. B. bei der Auswahl des **Außenwand-Materials**, das ja einen erheblichen Einfluß auf die Planung haben kann, die Forderung »möglichst billig« in »preiswert« umwandeln. Preiswert ist ein Baustoff eben auch dann, wenn für die Anschaffung vielleicht ein paar Mark mehr ausgegeben werden müssen, sich die Mehrkosten aber durch Energieeinsparung (= Heizkosten) rasch amortisieren. Darüber ist in den letzten Jahren die sogenannte **»k-Wert-Diskussion«** entstanden, die zu großer Verwirrung und Verunsicherung der potentiellen Bauherren geführt hat. Deshalb soll endlich einmal klar aufgezeigt werden, welche Faktoren bei der Bewertung eines Außenwand-Baustoffes zu berücksichtigen sind:

- **Die Druckfestigkeit** – grundsätzlich kann davon ausgegangen werden, daß heute jeder **massive** Baustoff beim Bau eines Ein- oder Zweifamilienhauses den Anforderungen entspricht.
- **Die Wärmedämmung** – der k-Wert (=Wärmedurchgangszahl) gibt den Wärmeverlust durch die einzelnen Bauteile an; je kleiner der k-Wert ist, desto besser ist der Wärmeschutz, wobei man bedenken sollte, daß Werte, die deutlich unter 0,4 liegen, kaum noch eine Verbesserung bringen können.
- **Die Wärmespeicherfähigkeit** – hat eine deutlich untergeordnete Bedeutung; eine hohe Speicherfähigkeit bewirkt z. B. eine langsame Erwärmung beim Aufheizen und eine langsame Abkühlung nach dem Abschalten der Heizung – rasche Temperaturveränderun-

gen lassen sich deshalb nur schwer erzielen.
- **Das Diffusionsverhalten** – darunter versteht man die Fähigkeit eines Baustoffes, Feuchtigkeit (Kochen, Waschen, Baden, Atmung) aufzunehmen und an der Außenseite abtrocknen zu lassen; je kleiner die Dampfdiffusionszahl ist, desto besser ist natürlich auch die Dampfdiffusion.
- **Der Schallschutz** – sollte nicht überbewertet werden beim Bau eines Einfamilienhauses; er muß jedoch den entsprechenden Vorschriften für Schall- und Wärmeschutz genügen. Ihr Architekt wird Sie beraten. Dabei muß berücksichtigt werden, daß der Luftschallschutz um so größer ist, je schwerer der verwendete Baustoff ist.

Grundsätzlich kommt es darauf an, einen Baustoff zu verwenden, der eine ausgewogene Summe guter Eigenschaften besitzt:
- **Massiv** – damit die Druckfestigkeit stimmt.
- **Wohngesund** – also aus Naturprodukten hergestellt und dadurch auch diffusionsfähig.
- **Wärmedämmend** – weil sonst zuviel Energie verlorengeht.
- **Wärmespeichernd** – damit die Wände nachts nicht auskühlen.
- **Wertbeständig** – damit nicht schon in Kürze saniert werden muß.
- **Leicht zu verarbeiten** – damit die Handwerkerkosten in Grenzen bleiben.

2. Baukosten und Haltbarkeit

Ein Einfamilienhaus kann nicht für »die Ewigkeit« gebaut werden, d. h. alle Materialien haben eine maximale Lebensdauer. Falsch wäre es also, gerade da zusätzliches Geld z. B. für etwas »besonders Schönes« auszugeben, wo in zehn Jahren schon eine Erneuerung fällig wird. Damit Sie besser einschätzen können, wo sich »ein paar Mark mehr« auch rentieren, folgt nun eine kurze Aufstellung der **Lebensdauer-Erfahrungswerte:**

Foto: Buderus, Wetzlar

- **Die Massivkonstruktion**
  ca. 80–100 Jahre bei normaler Ausführung; natürlich – und das gilt auch bei allen folgenden Punkten – fällt dann Ihr Haus nicht »über Nacht« ein, sondern es werden Sanierungsmaßnahmen erforderlich, die Geld kosten.
- **Das Dach**
  ca. 30–50 Jahre bei Ziegel und Schieferdeckung; ca. 30–40 Jahre bei Deckung mit Zement; ca. 25 Jahre bei Zinkblech; ca. 15 Jahre bei doppelter Pappe mit Stahlblech, Dacheindeckung mit Kupfertafeln und -bändern 100 Jahre.
- **Der Dachstuhl** ca. 80 Jahre.
- **Die Dachrinne**
  ca. 30–40 Jahre bei Kupferblech; 20–30 Jahre bei Zinkblech; 15–20 Jahre bei verzinktem Stahl; Dachrinnen und Fallrohre aus Kupferbändern und -tafeln 100 Jahre; aus Zinkblech 40 Jahre; aus verzinkten Stahlblechen 15–20 Jahre (bei Verwendung von Kupfer sind keine Aufwendungen für die Wartung anzusetzen, denn Kupfer schützt sich selbst durch die Patinabildung).
- **Der Deckenputz**
  bis zu ca. 80 Jahre auf Massivdecken; ca. 40–50 Jahre auf Putzträgern und ca. 25–30 Jahre in Naßräumen.
- **Der Innenputz**
  ca. 40–50 Jahre.
- **Der Außenputz**
  ca. 30–50 Jahre.
- **Die Fußböden**
  ca. 30 Jahre in Mörtel; ca. 40–50 Jahre in Hartholz; ca. 30 Jahre in Weichholz; ca. 10–20 Jahre bei Kunststoffbelägen und Linoleum; ca. 5–15 Jahre bei Textilbelägen.
- **Die Fenster**
- ca. 40–50 Jahre bei Hartholz, maximal 30 Jahre bei Weichholz; bei Fensterbänken und Fensterläden sollten Sie eine Reduzierung dieser Fristen um 50% berechnen.
- **Die Außentüren**
  ca. 40–50 Jahre in Hartholz, maximal 30 Jahre in Weichholz.
- **Die Beschläge**
  ca. 15–20 Jahre bei Tür- und Fensterbeschlägen, bis zu 40 Jahre bei den Außengeländern und Metallgittern.
- **Die Verschalungen**
  ca. 40 Jahre bei Vertäfelungen und maximal 30 Jahre bei Brettverschalungen.
- **Die Elektroinstallation**
  bis zu 40 Jahre bei Leitungen unter Putz; bis zu 30 Jahre bei Leitung auf Putz und in Feuchträumen; maximal 20 Jahre für Schalter und Dosen; maximal 10 Jahre für Heißwasserbereiter, Koch- und Heizgeräte.
- **Die Sanitärinstallation**
  bis zu 80 Jahre Wasserleitungen aus Kupfer; bis zu 40 Jahre Wasserleitungen aus verzinktem Stahl; zwischen 20 und 30 Jahre Einrichtungsgegenstände; maximal 15 Jahre die Armaturen.

3. Treppenvariationen

Es gibt verschiedene Treppenformen und -läufe, die in der Norm DIN 18055 »Gebäudetreppen« festgelegt sind. Grundsätzlich unterscheidet man geradläufige und gewendelte Treppen. Letztere können wiederum in viertel- und halbgewendelte Treppen sowie Bogentreppen und Wendel- bzw. Spindeltreppen unterteilt werden. Letztere haben im Unterschied zu gewendelten Treppen, die die Laufrichtung um 90 oder 180 Grad ändern, einen kreisförmigen Grundriß. Außerdem gibt es Sonderformen wie beispielsweise Spartreppen, die allerdings häufig von den Idealmaßen abweichen.

Foto: Bien-Zenker, Schlüchtern

Treppen

Geradläufige Treppen beanspruchen besonders bei großen Geschoßhöhen relativ viel Platz und erfordern eine entsprechende Raumaufteilung. Sie wirken schlicht, eignen sich jedoch nicht für jedes Gebäude. Durch Einbau eines Zwischenpodestes (Podesttreppen) sind platzsparende Treppenformen entweder rechtwinklig abgewinkelt oder gegenläufig möglich. Ein Zwischenpodest sollte idealerweise jeweils nach 16 bis 18 Stufen folgen und so lang sein wie die Treppe breit ist. Gewendelte Treppen sind platzsparend und bieten begehbare Lauflinien. Wendeltreppen verlaufen spiralförmig und ermöglichen kleine Grundrißabmessungen. Sie haben ein relativ kleines, rundes Treppenauge. Besonders einfach und zweifach viertelgewendelte Modelle werden deshalb in Ein- und Zweifamilienhäuser eingebaut.

Spindeltreppen sind im Prinzip Wendeltreppen. Anstelle des Treppenauges besitzen sie eine vertikal verlaufende Spindel, an der die Stufen befestigt sind. Die Stufen können je nach den baulichen Gegebenheiten als Krakarme ausgebildet oder zweiseitig gelagert sein.

Spartreppen haben versetzt eingezogene Stufen. Sie werden auch als Watschel- oder Sambatreppen bezeichnet. Auch bei einem großen Steigungswinkel ist auf diese Weise ein sicherer Auftritt möglich.

Foto: Hanse Haus, Oberleichtersbach

Baustoffe

Bewährte Materialien, die häufig auch kombiniert werden, sind Holz, Beton, Stahl und Stein.

Holztreppen werden aus Vollholz oder Holzwerkstoffen hergestellt. Einheimische Nadelhölzer wie Tanne, Fichte, Kiefer und Lärche eignen sich gut für den Bau von Wangen und Setzstufen. Für Trittstufen sind sie allerdings zu weich. Hier sind Laubhölzer wie Eiche, Esche oder gedämpfte Rotbuche wegen ihrer Härte besser geeignet. Als Holzwerkstoff werden furnierte Tischlerplatten, Furnierplatten oder Spanplatten eingesetzt. Holztreppen lassen sich als Wangentreppen, Satteltreppen oder abgehängte Treppen herstellen.

Aus Stahl lassen sich aufgrund der mechanischen Eigenschaften und der damit realisierbaren Querschnitte und Knotenpunkte sehr leicht wirkende Konstruktionen mit hohen Verkehrslasten bauen. Beim Einsatz in Wohnräumen werden die Stufen selbst meistens aus Holzwerkstoffen oder Steinplatten hergestellt. Das stabile und flexible Material ermöglicht Treppen in vielfältigen Formen: Zweiwangentreppen mit zwischengespannten Stufen, Zweiholmtreppen mit aufgesetzten Stufen, Einholmtreppen mit aufgespannten Stufen und Kragtreppen mit frei auskragenden Stufen ebenso wie Hängetreppen mit aufgehängten Stufen.

Bei Wangentreppen werden die Stufen fest zwischen den seitlichen Wangen verschweißt. Setzstufen fehlen häufig, weil sie konstruktiv nicht notwendig sind. Die Wangenausbildung erfolgt aus geschnittenen Blechen oder verschweißten Normalprofilen. Geländerstäbe oder Pfosten werden auf oder seitlich an den Wangen befestigt. Ihre Anordnung ist von der Stufeneinteilung abhängig.

4. Wärmedämmung

Durch die Auswahl geeigneter Wandbaustoffe können zwar schon gute k-Werte erreicht werden, aber dennoch werden immer noch rund 30% der Wohnkosten für die Energieversorgung ausgegeben. Das hat jedenfalls das Bundesbauministerium ausgerechnet. Dabei können mit heutigen Baustoffen für einschalige Wände mittlerweile ausgezeichnete k-Werte erreicht werden. Eine gezielte Dämmung reduziert diese Ausgaben.

5. Preiswert und ökologisch bauen mit dem klassischen Wandbaustoff Ziegel

Als Bauherr wünscht man sich, daß ökologisches Bauen und hoher Wohnkomfort einander nicht ausschließen und daß beides trotzdem bezahlbar ist. In heutiger Zeit nicht mehr machbar? Der Wunsch kann durchaus Wirklichkeit werden, wenn die Entscheidung für den richtigen Baustoff fällt. Ein guter Wandbaustoff zeichnet sich durch ein gelungenes Zusammenspiel von verschiedenen positiven Eigenschaften aus. Bauen mit Poroton-Ziegeln bedeutet zum Beispiel, mit einen rationellen Verarbeitungssystem in kurzer Zeit einen Rohbau vom Keller bis unters Dach zu schaffen, der vor Lärm, Hitze und Kälte gleichermaßen schützt. Das keramische Material ist statisch extrem belastbar, verformt sich nicht und bietet Gewähr für rißfreie Wände.

Hoher Wohnkomfort durch angenehmes Raumklima

Die poröse Struktur bewirkt einen für das Raumklima günstigen Feuchtetransport von innen nach außen, so daß sich an den Wänden kein Schimmel bilden kann.

Weniger Energieverbrauch durch guten Wärmeschutz

Die Struktur des Poroton-Ziegels sorgt für eine hohe Wärmespeicherfähigkeit sowie für hervorragenden Wärmeschutz in der Außenwand. Die Heizung kann also auf Sparflamme laufen, es werden Heizkosten eingespart und die Betriebsdauer der Heizanlage sowie der schädliche CO^2-Ausstoß verringert.

Der Bundesbauminister vertritt die Ansicht, daß ein Niedrigenergiehaus weder aufwendig noch teuer gebaut werden muß, wobei preiswert nicht billig bedeutet.

Dem kommt die einschalige Bauweise mit wärmedämmenden Ziegeln entgegen; die Anforderungen der Wärmeschutzverordnung werden ganz ohne zusätzliche Dämmschichten erfüllt. Diese wirtschaftliche Bauweise wird den ökologischen Anforderungen gerecht, gleichzeitig erkauft man keine große Schadensanfälligkeit.

Mehr Ruhe ohne Mehrkosten

Ausreichender Schallschutz ist heute eine wichtige Voraussetzung für guten Wohnwert. Poroton-Außenwände erreichen bereits in üblichen wirtschaftlichen Wandstärken gute Lärmschutzwerte und sorgen im Zusammen-

Foto: Deutsche Poroton, Königswinter

Baustoff Ziegel

Foto: Deutsche Poroton, Königswinter

spiel mit den richtigen Fenstern für Ruhe. Spezielle Schallschutzziegel bieten z.B. für Wohnungstrenn- und Treppenhauswände einen erhöhten Schallschutz.

Mehr Wert auf lange Sicht
Sehen wir uns den Wohn- und Verkaufswert an. Da Ziegel sehr geringe Formveränderungen bei statischer Belastung, Wärme- und Kälteeinflüssen haben, sind die Konstruktionen besonders langlebig. Das minimiert den Erhaltungsaufwand, sichert die Bauqualität auf lange Sicht und erhöht den Wiederverkaufswert.

Das Ziegelsystem vom Keller bis zum Dach
Eine lückenlose Ökobilanz, die hohe Wirtschaftlichkeit sowie der ausgezeichnete Wohnwert sprechen für einen modernen Baustoff, der vielseitig einsetzbar ist.

Das breite Spektrum wird auch dadurch deutlich, daß man immer mehr Kellerwände aus porosierten Ziegeln errichtet. Seit der Trend hin zum Bewohnen und Nutzen der Kellerräume geht, wird dort ebenfalls auf ein gutes Klima gesteigerter Wert gelegt. Die Zeiten dunkler, feucht-klammer Keller sollten längst vorbei sein. Angesagt sind trockene Hobbykeller und freundliche Räume für Gäste oder Feten im Souterrain. Poroton-Ziegel gewährleisten auch im Untergeschoß Behaglichkeit und komfortablen Wärmeschutz ohne Zusatzdämmung.

Weitere Informationen:
**Deutsche Poroton GmbH
Cäsariusstraße 83 a
53639 Königswinter
Tel.: 02223/91 91-11
Fax: 02223/91 91-29**

Heiztechnologie

Heizen mit System
Maßgeschneiderte Lösungen für jeden Bedarf

Schon immer war das Engagement in Forschung und Entwicklung, die Bereitschaft, neue Wege zu gehen, ein Gradmesser für die technologischen Kompetenzen und das Verantwortungsbewußtsein eines Unternehmens. So ist es kein Zufall, daß Buderus der ganzen Branche immer wieder entscheidende Impulse gegeben hat – und gibt!

Das beste Beispiel dafür sind die Buderus-Heizkessel. Sie machen die Wärmeerzeugung noch schadstoffärmer. Und so sparsam, daß sich die Investition in eine neue Anlage bezahlt macht.

Fortschritt, den man sieht und fühlt: Buderus Gußheizkessel für Öl und Gas.

In allen Buderus-Gußheizkesseln steckt umfangreiches Werkstoff- und Konstruktions-Know-how. Speziell aufbereitetes, korrosionsbeständiges Grauguß-Material und die nach neusten Erkenntnissen der Thermodynamik entwickelte Brennraum-Geometrie ermöglichen bei Öl- und Gas-Units Normnutzungsgrade bis zu 94 %.

Vollgepackt mit neuestem heiztechnischem Know-how. Der Logano G134 – die Wärmezentrale für Heizung und Warmwasser.

1. Innovative Heizsysteme von Buderus können für jede individuelle Anforderung zusammengestellt werden: Wirtschaftlich und ökologisch überzeugend, mit komfortabler Warmwasser-Bereitung und raumsparender Technologie.

Die Niedertemperatur-Heizkessel Logano G115 und Logano G134 stellen die Spitze des heute technisch Machbaren dar.

Für die Anforderungen von morgen: der Logano G134. Wer renoviert oder modernisiert, sollte gerade bei der Heizung keine halben Sachen machen. Besser ist es, von Anfang an eine durch und durch perfekte Lösung zu wählen. Am besten eine Heizungsanlage, die nicht morgen

Heiztechnologie

schon wieder veraltet ist. Unsere Empfehlung für den Brennstoff Gas ist der Logano G134. Denn bei diesem Heizkessel stimmt einfach alles: Er ist extrem sparsam im Brennstoffverbrauch, schadstoffarm und besonders leise. Das macht ihn auch dann zum idealen Heizkessel, wenn die Verhältnisse eine Aufstellung in Wohnraumnähe nötig machen.

Der Vergleich lohnt sich: Der Logano G134 heizt so umweltschonend wie kaum ein anderer atmosphärischer Kessel.
Wenn es um Schadstoffwerte und Wirkungsgrad eines Heizkessels geht, zählen keine flotten Sprüche. Hier gelten nur harte Fakten. Und die sprechen eindeutig für den Logano G134. Die Emissionswerte liegen weit unter den Forderungen des Umweltzeichens »Blauer Engel«. Nicht nur für atmosphärische Kessel setzen seine Werte Maßstäbe. Auch beim Nutzungsgrad braucht sich der Logano G134 nicht zu verstecken: Hier werden beeindruckende 94% erreicht. Das spart Heizkosten – Tag für Tag.

High-Tech für höchste Wirtschaftlichkeit: Die Öl-Unit Logano G115.
Moderne Niedertemperatur-Heiztechnik und der Öl-Blaubrenner Logatop BE, der neue Transparentbrenner Logatop TE oder der extrem schadstoffarme Blaubrenner Logatop OE sind die Basis für hervorragende Brennstoffnutzung und saubere, schadstoffarme Verbrennung ohne Rußbildung. Und dabei sieht der Logano G115 nicht nur gut aus, er sorgt auch dafür, daß man sich wohlfühlt. Mit den Regelsystemen Logamatic 2000 oder 4000 wird komfortable Heizungsregelung zur Realität.

Moderne und doch preiswerte Niedertemperatur-Technik: Die kompakten Heizkessel.
Mit einer umfangreichen Serienausstattung für Wirtschaftlichkeit und hohen Heizkomfort überzeugt die Niedertemperatur-Technik. Die kompakten Heizkessel Logano G124 für Gas und Logano S115 für Öl sparen, wo sie können, nur nicht an der Funktionalität. In verschiedenen Leistungsklassen und mit Warmwasser-Speichern in verschiedenen Größen zwischen 135 und 300 Litern entsprechen sie immer optimal dem individuellen Bedarf. Perfekt auf die jeweiligen Kessel abgestimmt: Das Regelsystem Logamatic 2000. Einfache Bedienung und acht Standardprogramme sowie ein individuelles Heizprogramm machen die Heizungskontrolle im Ein- oder Mehrfamilienhaus zum Kinderspiel.

Heiz- und Warmwasserkomfort für jeden individuellen Bedarf: Logano G115 mit nebenstehendem Speicher.

Platz ist praktisch überall: Die Wandheizkessel Logamax U104 und Logamax plus GB112.
Wie der Name schon sagt: Wandheizkessel benötigen keinen Stellplatz und sind insbesondere beim Sanieren und Renovieren oft die einzige Lösung. Aber sie sind in jedem Falle absolut vollwertige und äußerst vielseitig einsetzbare Geräte. Sehr energiesparend sind die Gas-Brennwertkessel Logamax plus GB112 mit Normnutzungsgraden bis 109 %. Der Logamax plus GB112-23 k dient als Heiz-

Heiztechnologie

Modernste Brennwert-Technologie im Kompakt-Format: Logamax plus GB112-23K.

Heizgerät mit integrierter Wassererwärmung. Die Gas-Brennwertgeräte Logamax plus GB112-11, GB112-19 und GB112-24 sind, genau wie der wandhängende Niedertemperaturkessel Logamax U104, mit nebenhängenden, untergehängten oder stehenden Speicher-Wassererwärmern kombinierbar. Für den Logamax U104 steht zusätzlich eine Version mit integrierter Wassererwärmung zur Verfügung. Alle Wandheizkessel können sowohl raumluftabhängig als auch -unabhängig betrieben werden. Besonderheit im Logamax U104 und Logamax plus GB112-23K: mit dem THERMoquick-System steht sofort bei Zapfbeginn warmes Wasser zur Verfügung.

Thermostream-Technologie: Heizflächen-Strukturen aus dem Computer.

Bei vielen Buderus-Heizkesseln wurde die Form, Anzahl und Anordnung der Gußrippen per Computersimulation genau an den sich abkühlenden Heizgasstrom angepaßt, um die Strömungsgeschwindigkeit und damit die Wärmeabgabe konstant zu halten. Ebenfalls neu: Durch ein integriertes Wasserleitsystem wird kaltes Rücklaufwasser ohne Berührung der Heizflächen erwärmt. Damit ist ein Heizungsbetrieb ohne Schwitzwasserbildung möglich.

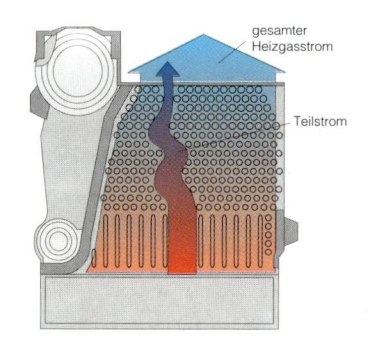

Thermodynamik und Computer-Design: Die Heizgasquerschnitte sind dem Temperaturverlauf des Heizgasstromes genau angepaßt. Das bedeutet maximale Wärmeausbeute.

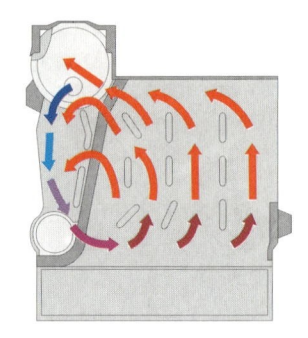

Energie sparen durch gleitende Kesselwassertemperaturen: Bei der Buderus Thermostream-Technologie wird kaltes Rücklaufwasser ohne Berührung der Heizflächen vorerwärmt. Das verhindert Schwitzwasserbildung im Kessel.

Weniger Arbeit, weniger Kosten: Das neue funktionale Design mit Schnellmontage-System.

Die neue Heizkesselgeneration von Buderus wird komplett mit werkseitig montierter Verkleidung und auf Wunsch mit den passenden Heizkreisrohrgruppen geliefert. Das spart von Anfang an teure Montagezeit. Durch die verstellbaren Kesselfüße mit schalldämpfenden Gummieinlagen stehen die Heizkessel auch auf unebenem Boden stabil und sicher.

2. Innovative Brennertechnologie.

Der Umwelt zuliebe: Heizen mit schadstoffarmer Buderus Brennertechnologie für Öl.

Umweltschonendes Heizen fängt bei der Wärmeerzeugung an: Buderus bietet mit dem neuen Öl-Blaubrenner Logatop BE, dem Transparentbrenner Logatop TE – einer Weiterentwicklung des Gelbbrenners – und dem extrem schadstoffarmen Ölbrenner Logatop OE erstklassige Brennervarianten, die die verschärften Anforderungen des Umweltzeichens »Blauer Engel« weit unterschreiten.

Der Blaubrenner Logatop OE setzt Maßstäbe in der Öl-Brenner-Technik.

Heiztechnologie

3. Regelsystem Logamatic 4000: Heizungsregelung per Knopfdruck vom Wohnraum aus.

Komfort der Extraklasse bietet das neue Regelsystem Logamatic 4000. Denn das Bedienelement – MEC2 – kann wahlweise am Heizkessel oder im Wohnraum installiert werden. Dadurch läßt sich die komplette Bedienung und Überwachung der Heizungsanlage in den Wohnbereich verlagern.

Alle gängigen Einstellungen erfolgen durch »Drücken« und »Drehen«. Nur bei komplexeren Aufgabenstellungen (z. B. zu Wartungszwecken) wird die entsprechende Funktionsebene des Controllers über eine Tastenfunktion aktiviert.

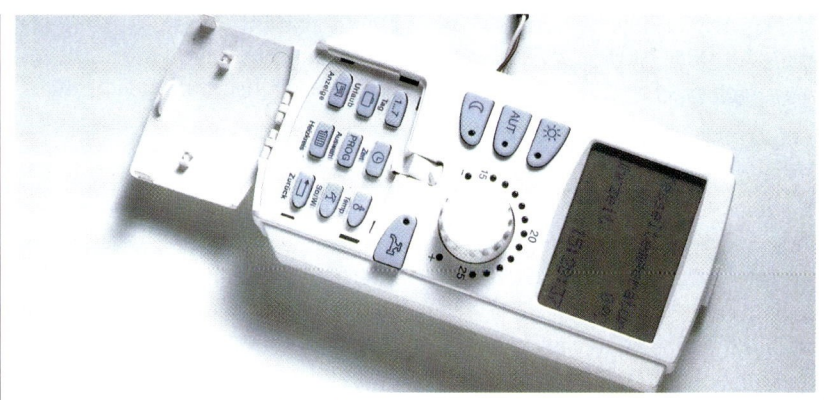

Die Zukunft der Heiztechnik hat schon begonnen. Der beste Beweis: Logamatic MEC 2.

Umweltschonung vorprogrammiert: Gesamt-System-Optimierung reduziert die Anzahl der Brennerstarts auf ein Minimum.

Die Emissionen eines Heizkessels spielen in der heutigen Zeit eine wichtige Rolle. Erhöhte Schadstoffemissionen entstehen besonders beim Start und beim Abschalten. Mit dem Regelsystem Logamatic 4000 wird die Brennerstarthäufigkeit gegenüber herkömmlichen Regelungen um ca. 80% reduziert. Das bedeutet erheblich weniger Schadstoffe. Und das bei vollem Wärmekomfort!

Logamatic 4000: Das System, das sich selbst optimiert.

Das Regelsystem Logamatic 4000 ist lernfähig. Aktuelle Daten werden ständig ausgewertet und zur Betriebsoptimierung herangezogen. Zwei Beispiele: **1.** Die Regelelektronik errechnet automatisch den günstigsten Zeitpunkt für Beginn und Ende des Heizbetriebs (bei herkömmlichen Regelungen muß aufs Geratewohl ein Zeitpunkt programmiert werden). **2.** Bei steilen Außentemperatursprüngen reagiert die Regelung mit künstlicher Verzögerung, um die volle Wärmespeicherfähigkeit des Gebäudes zu nutzen.

Einfacher geht's nicht: Heizungsregelung vom Wohnzimmer aus per Knopfdruck: Logamatic ERC

Heiztechnologie

4. Warmwasserkomfort für jeden Bedarf: Buderus Speicher-Wassererwärmer Logalux.

Buderus bietet Speicher-Wassererwärmer von 75 bis 6000 Liter Fassungsvermögen. Durch die breite, eng abgestufte Produktpalette ist eine besonders exakte Dimensionierung möglich. Für die Kombination mit unterschiedlichsten Wärmeerzeugern steht eine Vielzahl an Ausstattungsvarianten zur Verfügung – allesamt DIN-geprüft und ohne Verwendung von FCKW hergestellt.

Die Kompaktlösung: im Heizkessel integrierter 160 Liter-Warmwasser-Speicher.

Das Rundum-Schutz-System für 1a Warmwasserhygiene.

Hygiene ist bei Buderus Speicher-Wassererwärmer Logalux großgeschrieben. Die Oberflächenbeschichtung, die Buderus Thermoglasur »DUOCLEAN«, bildet zusammen mit der integrierten Magnesium-Anode (wahlweise wartungsfreie Inert-Anode) einen zuverlässigen Korrosionsschutz. Zusätzliche Sicherheit bietet die thermische Schutzschaltung der Buderus Regelelektronik: Sie beugt einer eventuellen Wasserverkeimung wirksam vor.

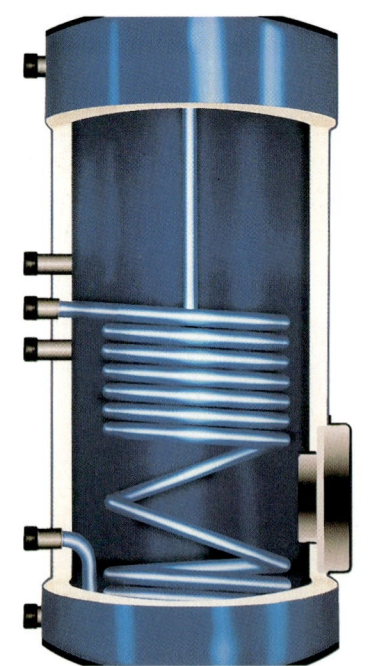

Warmwasser in Trinkwasserqualität: mit der Buderus-Thermoglasur »DUOCLEAN«

Mit Heizkörpern von Buderus bringen Sie nicht nur Wärme, sondern auch schönes Design ins

So schön kann Wohnwärme sein: mit Heizkörpern von Buderus.

Haus. Durch die Vielfalt an Typen und Formen ist eine individuelle Anpassung an jeden Wärmebedarf und jeden Einrichtungsstil möglich. Alle Buderus Stahlheizkörper-Typen sind nach DIN 4704 geprüft. Dabei wird die verbindliche Wärmeleistung nachgewiesen. Buderus Flachheizkörper erfüllen darüber hinaus die Anforderungen des RAL-Gütezeichens. Ein Zeichen für beste Qualität.

Umweltfreundliche Beschichtungsverfahren.

Mit Buderus Heizkörpern gehen Sie auf Nummer sicher: Bei der Lackierung werden keine Lösungsmittel, sondern wasserverdünnbare Grundierungen und umweltfreundliche Pulverbeschichtungen verwendet. Ein wichtiger Beitrag für angenehmes, komfortables Wohnklima.

Buderus Heiztechnik GmbH
Abt. MW 1
Postfach 12 20
35522 Wetzlar

COMPACT-PRAXIS »do it yourself«

- Jeder Band mit über 200 Abbildungen und instruktiven Bildfolgen – alles in Farbe.

- Übersichtliche Symbole für Schwierigkeitsgrad, Kraftbedarf, Zeitaufwand u.v.m. – alles auf einen Blick.

- Anwenderfreundliche Komplettanleitungen für alle wichtigen Heimwerker-Arbeiten – keine schmalen Einzelthemen.

- Mit besonders hervorgehobenen Sicherheits-, Profi- und Ökotips.

Selbst Wohnräume unterm Dach ausbauen

Selbst Gartenteiche anlegen und pflegen

Selbst Elektroinstallationen ausführen

Selbst Fliesen und Platten verlegen

Selbst energiesparende Heizungen einbauen

Selbst Höfe und Wege pflastern

Über 50 Titel lieferbar. Bitte fordern Sie unseren Prospekt an!

Selbst Treppen planen und einbauen

Selbst Dachgeschoß und Keller ausbauen

Selbst mauern, betonieren und verputzen

Selbst Wintergärten und Glashäuser bauen

Selbst Wände dekorativ gestalten

Selbst Regenwasser-Nutzsysteme anlegen

19,80 DM

Compact Verlag GmbH
Züricher Straße 29
81476 München
Telefon: 0 89/74 51 61-0
Telefax: 0 89/75 60 95
Internet: www.CompactVerlag.de

Heizsysteme

5. Heizen mit Vernunft

Vom Gesamtenergiebedarf eines Haushaltes in einem Einfamilienhaus entfallen im Durchschnitt gegenwärtig 56% auf die Raumheizung, 9% auf die Warmwasserversorgung, 8% auf den sonstigen Energieverbrauch (Strom) und 27% auf das Kraftfahrzeug. Der größte Posten des Familienbudgets wird für die Heizung aufgewendet. In der Verringerung der Heizkosten liegt also ein erhebliches Sparpotential.

Energie ist in der Natur in überreichlichem Maße vorhanden, leider aber fast nie in einer Form, die sich unmittelbar nutzen ließe. Für die Deckung des Energiebedarfs ist man deshalb auf rationell einsetzbare und kostengünstige Brennstoffe angewiesen. Für die Bundesrepublik sind dies in erster Linie die fossilen Brennstoffe, und zwar derzeit für die Raumheizung Heizöl EL mit rund 48%, Gas mit rund 27% und Festbrennstoffe mit rund 9% Verbrauchsanteil.
Die vorstehend aufgeführten fossilen Brennstoffe sind für die nächsten hundert Jahre ausreichend verfügbar und werden zu vernünftigen Preisen angeboten.
Für die Bundesrepublik kann der Eigenbedarf an Kohle nach den vorhandenen Lagerstätten beim heutigen Anteil für rund 300 Jahre sichergestellt werden.

Für Ihren Neubau brauchen Sie ein zukunftssicheres Heizsystem, bei dem sowohl die
- Wirtschaftlichkeit,
- Versorgungssicherheit,
- Umweltfreundlichkeit und der
- Komfort

gewährleistet sind.
Dazu bieten sich insbesondere die Öl- und die Gasheizung mit oder ohne Warmwasserbereitung an, die Ihnen eine maßgeschneiderte Lösung abhängig vom Wärmebedarf und Ihren Komfortansprüchen ermöglichen.
Beide Systeme entsprechen allen Anforderungen der modernen Heizungstechnik, sind in kleinsten Leistungsgrößen lieferbar und lassen sich darum dem Wärmebedarf eines Hauses, einer Wohnung, eines einzelnen Raumes genau anpassen. Der hohe technische Standard der Geräte stellt sicher, daß mit höchstmöglichem Wirkungsgrad die umweltfreundlichen Energien Heizöl EL und Erdgas in Wärme umgewandelt werden. Die modernen Geräte sind kompakt gebaut und mit energiesparender Temperaturregelung ausgestattet.
Der Umwelt zuliebe sollte darauf geachtet werden, daß die gewählten Heizgeräte mit dem sogenannten »Blauen Engel«, dem Kennzeichen für emissionsarme und energiesparende Systeme, ausgezeichnet sind.
Auch für die Warmwasserbereitung stehen energiesparende Geräte zur Verfügung, die sowohl mit Heizöl EL, Erdgas und Strom beheizt werden können. Sie sind durch Regelventile so einstellbar, daß an den Entnahmestellen keine Kaltwasserzumischungen erforderlich sind. Das spart Energie-, Wasser- und Abwasserkosten.
Und dies sind die Vorteile einer modernen Heizungsanlage auf einen Blick:
Je nach Tarifgestaltung sind Heizöl EL, Erdgas und Strom interessante Heizenergien, für die folgende Vorteile gelten:
- Sichere Versorgungsquellen, die in den Förderländern erschlossen und zum Teil langfristig unter Vertrag genommen sind.
- Rationeller Energieeinsatz erlaubt sparsames und umweltfreundliches Heizen.
- Energie ist auch bei Versorgungskrisen verfügbar, entweder durch abrufbare Vorräte beim Verbraucher selbst oder bei den Lieferanten.
- Maßgeschneiderte, wirtschaftliche Heizsysteme, die jedem denkbaren Zweck angepaßt werden können.

Zukunftsicher planen Sie in jedem Fall, wenn Sie sich bei Ihrer Energieversorgung für eine individuelle Systemlösung entscheiden, die auch verschiedene Technologien optimal miteinander verbinden kann. Beachten Sie dabei nachfolgende Punkte.
- Die klimatischen Verhältnisse des Ortes, an dem Sie bauen, Jahres-, Sommer- und Winterdurchschnittstemperatur, durch-

Heizsysteme

schnittliche Anzahl der Sonnentage, durchschnittliche Anzahl der Frosttage werden für die Berechnung des Wärmebedarfs durch sogenannte Gradtage einheitlich normiert.
- Die Energie-Anbieter-Situation, wenn nur ein Energieversorgungsunternehmen vorhanden ist, kann für Sie – traurig, aber wahr – teuer und ärgerlich werden. Dahinter steckt kein böser Wille, sondern Kostendruck, wie er bei Systemumstellungen immer entsteht – der Energieversorger muß nämlich nun die Versorgungsstruktur dahingehend ändern, daß z. B. bei normaler Witterung das Versorgungsniveau extrem niedrig ist, er aber etwa bei Frosttagen unverhältnismäßig große Bedarfsspitzen abdecken kann.

Energiesparhäuser haben neben Einrichtungen für die optimale Nutzung alternativer Energie die folgenden vier Eigenschaften:
- Die Außenwandflächen sind im Verhältnis zum Volumen extrem klein, vorstehende Mauerteile und Balkons – die »Kühlrippen« eines Hauses – fehlen.
- Die Wärmeisolierung entspricht dem neuesten Stand, der Wärmefluß nach außen ist extrem niedrig.
- Räume mit Wärmeüberschuß – z. B. Küche und Bad – liegen im Kern des Hauses, sie verlieren ihre Wärme also nicht ins Freie, sondern an die umgebenden Räume.
- Durch Vorbau eines Glashauses mit starker Bepflanzung auf der Südseite wird ein Gewächshauseffekt erzielt – ein gutes Wärmepolster vor den Wohnräumen vermindert bei großer Kälte eine starke Auskühlung, zudem erzeugen die Pflanzen Sauerstoff.

Im einzelnen können Sie zwischen folgenden Heizsystemen wählen:
Das Hochtemperatursystem – es arbeitet mit einer Temperatur von max. 90°C für den Heizungsvorlauf und 70°C für den Heizungsrücklauf. Technologisch ist es inzwischen klassisch. Für einen Neubau muß es als veraltet angesehen werden. Hier und für eine Modernisierung bietet sich das Niedertemperatursystem an. Um jedoch mit Niedertemperatursystemen dieselbe Wärmeleistung wie bei Hochtemperatursystemen zu erzielen, muß die Heizkörperoberfläche etwa dreimal so groß sein; deshalb wird im Niedertemperaturbereich hauptsächlich die Flächenheizung, beispielsweise eine Fußbodenheizung, gewählt. Es sind aber auch noch Kombinationen von Fußbodenheizung und Radiatoren möglich.
Bevorzugt werden sollte das

Foto: Viessmann, Allendorf

Heizsysteme

Niedertemperatursystem – dieser Heizungstyp arbeitet im Bereich von max. 70° C Vorlauf- und mit min. etwa 25° C Rücklauftemperatur. Niedertemperatursysteme können mit allen Wärmeerzeugern betrieben werden; auf diesem Gebiet gibt es daher auch die meisten Neuentwicklungen und die vielfältigsten Energiekombinationen. Eine Innovation auf diesem Gebiet ist der Öl-/Gas-Niedertemperaturkessel Vitola-biferal von Viessmann. Das Besondere an diesem Kessel ist seine neuartige Heizfläche – ein Materialverbund aus den beiden bewährten Eisen-Werkstoffen Stahl und Spezialgrauguß. Der Vorzug dieser biferalen Verbundheizfläche ist, daß die Verbrennungsgase auch bei Kesselwassertemperaturen unter 40° C nicht kondensieren. Der Vitola-biferal ist dadurch auch bei den niedrigen Kesselwassertemperaturen wirksam vor Korrosion geschützt. Deswegen erhielt er die Bezeichnung Niedertemperaturkessel. Unnötige Stillstandsverluste werden vermieden und der jährliche Brennstoffverbrauch verringert. Die »heiße« Brennkammer aus hitzebeständigem Edelstahl heizt sich sekundenschnell auf und schafft so die für eine perfekte Verbrennung notwendige heiße Umgebung, selbst wenn der Kessel völlig ausgekühlt ist. Gerade dieser Kessel ist auch der geeignete Partner der Wärmepumpe in bivalenten Heizungssystemen; denn solange die Wärmepumpe wirtschaftlich arbeitet, bleibt der Vitola-biferal kalt und verbraucht keinen Brennstoff.

Im **Hoch-** und **Niedertemperaturbereich** stehen zum Einsatz alternativer Energiegewinnungsverfahren grundsätzlich 3 Heizsysteme zur Wahl:

- **Das monovalente Heizsystem**
Dabei wird nur die Wärmepumpe eingesetzt. Voraussetzung ist, daß die Wärme aus dem Boden oder aus dem Fluß gezogen werden kann. Die Kollektoren (Rohrleitungen, in denen das Wärmetransportmittel zirkuliert) müssen bei Nutzung der Bodenwärme tief genug verlegt werden, da das Erdreich erst in 1,5–2,5 m Tiefe ausreichend hohe und relativ konstante Temperaturen besitzt.
Sie benötigen allerdings viel Platz. Rechnen Sie für den Quadratmeter Heizfläche das Doppelte, besser aber das Dreifache an Hausfläche.
Wenn Sie Grund- oder Flußwasser benutzen können, um so besser. Sie benötigen allerdings etwa 23 cbm/Std. zur Brauchwasserbereitung eines mittleren Einfamilienhauses. Das Wasser wird aus einem Saugbrunnen zu Ihrer Wärmepumpe gefördert und anschließend – um 5° C abgekühlt – in einen Schluckbrunnen geleitet. Beide Brunnen müssen natürlich so weit voneinander entfernt sein, daß sie sich in ihrer Temperatur nicht beeinflussen. Auch diese Anlage erfordert neben relativ hohen einmaligen Kosten einen gewissen Platzbedarf.

- **Das bivalente Heizsystem**
Hier wird alternative Energie zusammen mit konventionellen Energieformen eingesetzt. Welche Energiequellen im einzelnen kombiniert werden, hängt von den jeweiligen verschiedenen Grundgegebenheiten – Klima, Tarifsituation usw. – ab. Man kann z. B. eine Wärmepumpenanlage einsetzen, die die Luftwärme verarbeitet. Eine solche Anlage ist preisgünstiger als die für Boden- oder Wasserwärme, braucht auch weniger Platz, ist jedoch nur bei bestimmten Lufttemperaturverhältnissen einsatzfähig. Heute kann der Wirkungsgrad einer solchen Anlage durch die Kombination mit einem »Energiespardach« verbessert werden.

- **Das multivalente Heizsystem**
Es benutzt neben Wärmepumpe und konventioneller Heizung noch eine weitere Wärmequelle, z. B. indem es Sonnenwärme direkt speichert. Die Wärmestrahlung der Sonne wird durch geeignete Kollektoren gesammelt und über ein Wärmetransportmedium und Wärmetauscher in einer »Wärmebatterie« (meist ein gut isolierter Wassertank) gespeichert.

Heizsysteme

Foto: SchwörerHaus, Hohenstein

6. Moderne Heizungsregelung

Energiesparendes Heizen: Umweltschutz beginnt im eigenen Haus

Um dem Einzelnen zu helfen, Schwachstellen im eigenen Haushalt aufzudecken, fördert der Staat Energiesparberatungen. Zuschüsse von mindestens 650 DM gibt es für Gebäude, die älter als 14 Jahre sind. Ein häufig festgestellter Mangel ist die veraltete oder unzureichend ausgerüstete Heizungsanlage. Abhilfe schafft moderne, energiesparende Heiz- und Regeltechnik. So sorgen z.B. Brennwertkessel bei Gas- und Ölheizungen für eine optimale Ausnutzung der Brennstoffe. Auch einzelne Komponenten einer Anlage wie automatische Strang- oder Überströmregler, etwa von Danfoss, sind für die gleichmäßige und damit sparsame Verbrennung und Wärmeverteilung zuständig.

Unterstützt wird die Wirkung von fachgerecht installierten Temperaturreglern. Für den Nutzer sind die Heizkörper- oder Raumthermostaten besonders wichtig, denn mit ihnen läßt sich die Raumtemperatur auf dem gewünschten Wohlfühlwert halten. Ein Fühlerelement im Thermostatkopf erfaßt die Raumtemperatur und ermittelt danach den Heizbedarf. Es registriert jede Temperaturabweichung – beispielsweise Wärmegewinne durch Lampen oder Personen im Raum – und steuert den Heizwasserzulauf durch Schließen oder Öffnen des Ventils.

Es sind also eine Reihe von Faktoren, die darüber entscheiden, wieviel Energie ein Haushalt verbraucht. Dem trägt die Energiesparverordnung 2000 Rechnung: Das Gebäude wird als Gesamtsystem bewertet, in dem viele Komponenten eine Rolle spielen. Sie sollen künftig in einem Energiepaß notiert werden. Ihm kommt dann auch bei der Bewertung des Hauses – etwa für die Mietpreisfestlegung – Bedeutung zu. Fest steht: Es lohnt sich, Heizungsanlage und Regelung zu überprüfen.

Komfortable Fußbodenheizungsregelung per Funk

Das CF-System von Danfoss bietet eine moderne Heizungsregelung – ohne aufwendige Montage. Das System zur Fußbodenheizungsregelung besteht aus drei Komponenten: einem drahtlosen Raumthermostaten, einer zentralen Steuereinheit und einer programmierbaren Zeit-Zonenregelung.

Der drahtlose Raumthermostat dient als Sendeeinheit und wird in einzelnen Räumen montiert. Er ist klein, einfach zu bedienen und frei zu plazieren. Mit ihm läßt sich die Temperatur von 5 bis 35 °C

Thermostatventile

Heizungsregelung

Drahtloser Raumthermostat

regeln. Der Raumthermostat erlaubt eine konstante Temperatureinstellung ebenso wie eine sparsame Absenkung über Nacht oder während längerer Abwesenheit.
Sein Signal »Aufheizen« oder »Temperatur absenken« funkt der Raumthermostat direkt an den Hauptregler, den Empfänger, unmittelbar am Heizkreisverteiler. Von dort steuert er den Heizwasserzulauf in bis zu acht Fußbodenheizkreise. Bei Bedarf ist die Zahl der Heizkreise auf maximal 24 erweiterbar.
Die programmierbare Zeit-Zonenregelung ermöglicht die Eingabe verschiedener Heizphasen in unterschiedlichen Räumen. Wer beispielsweise täglich von acht bis achtzehn Uhr arbeitet, braucht in dieser Zeit meist keine wohltemperierte Wohnung. Beim Nachhausekommen soll es dann aber behaglich warm sein. Dafür sorgt der Zeit-Zonenregler. Er kann bis zu sechs unterschiedliche Zonen mit verschiedenen Temperaturprofilen unterscheiden. Eine Zone faßt Bereiche gleicher Temperatur zusammen, wie etwa Wohn- und Arbeitszimmer oder Küche und Flur.

Einmal eingestellt, übernimmt das CF-System alles weitere von selbst. Auch bei Stromausfall bleiben alle Daten in einem internen Programmspeicher erhalten. Eine solche intelligente Steuerung einer Fußbodenheizung arbeitet bedarfsgerecht und bedeutet so zusätzliche Wohnqualität. Sie hilft darüber hinaus, Energie zu sparen.

**Danfoss Wärme- und Kältetechnik GmbH
Postfach 1261
63130 Heusenstamm**

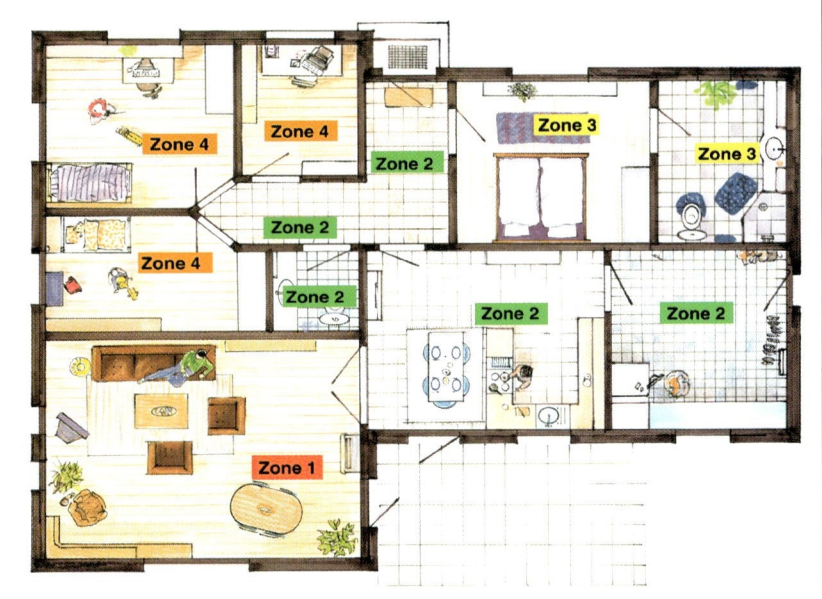

Zone	Heizperioden	
Zone 1	Montag - Freitag	15 - 22 Uhr
	Samstag - Sonntag	08 - 22 Uhr
Zone 2	Montag - Sonntag	16 - 22 Uhr
Zone 3	Montag - Sonntag	07 - 20 Uhr
Zone 4	Montag - Sonntag	06 - 09 Uhr und 15 - 22 Uhr
	Samstag - Sonntag	09 - 22 Uhr

Zeit-Zonenregelung mit dem CF-System.

Fotos: Danfoss

Ölheizungsanlage

7. Neue Heizung? Dann Öl!

Egal, ob Sie neu bauen, Ihre alte Ölheizung modernisieren oder eine in die Jahre gekommene Kohleheizung auf Heizöl umstellen wollen: Die moderne Ölheizung ist eine gute Entscheidung für die Zukunft. Sie ist durch große technische Innovationen ein fortschrittliches High-Tech-system zur optimalen Nutzung der Energie geworden. Mit einem Nutzungsgrad von über 90 % bringt sie das Kunststück fertig, aus wenig Energie viel Wärme zu machen. Und das bei stark reduzierten CO_2-Emissionen und weitaus geringerem Schadstoffausstoß im Vergleich zu veralteten Heizanlagen.

Eine kluge Investition.

Wenn Sie nach Kostengesichtspunkten entscheiden, geht es nicht nur um die Anschaffung, sondern auch um die laufenden Betriebskosten. Also das, was monatlich für Energie, Instandhaltung und Wartung auf Sie zukommt. Und dabei liegen Sie mit der modernen Ölheizung günstig, denn

– erstens können Sie mit einem niedrigen Energieverbrauch rechnen, und

– zweitens ist Heizöl ohnehin eine preisgünstige Energie.

Und Sie entscheiden außerdem selbst, wann, wo und wieviel Heizöl Sie einkaufen. Ganz nach Marktlage können Sie Preisvorteile nutzen und so günstig »Wärme auf Vorrat« einlagern.

Schalten Sie Ihre Heizung auf Zukunft.

Jede zweite Ölheizung in Deutschland ist veraltet. Wie sieht es mit Ihrer Anlage aus? Wenn sie vor 1980 installiert wurde, verbraucht sie zuviel Energie und belastet die Umwelt mehr als nötig. Höchste Zeit für eine Modernisierung.

Denn die vollständige Modernisierung einer veralteten Ölheizung durch eine neue Kompaktanlage – also der Austausch von Brenner, Kessel und Regelung – senkt nicht nur den Heizölverbrauch, sondern auch die CO_2-Emissionen um bis zu 30 %! Und den Schadstoffausstoß sogar um bis zu 50 %!

Wer jetzt modernisiert, kann mit staatlicher Förderung rechnen.

Die Modernisierung bestehender Heizungen (Öl, Kohle) auf die moderne Ölheizung wird staatlich

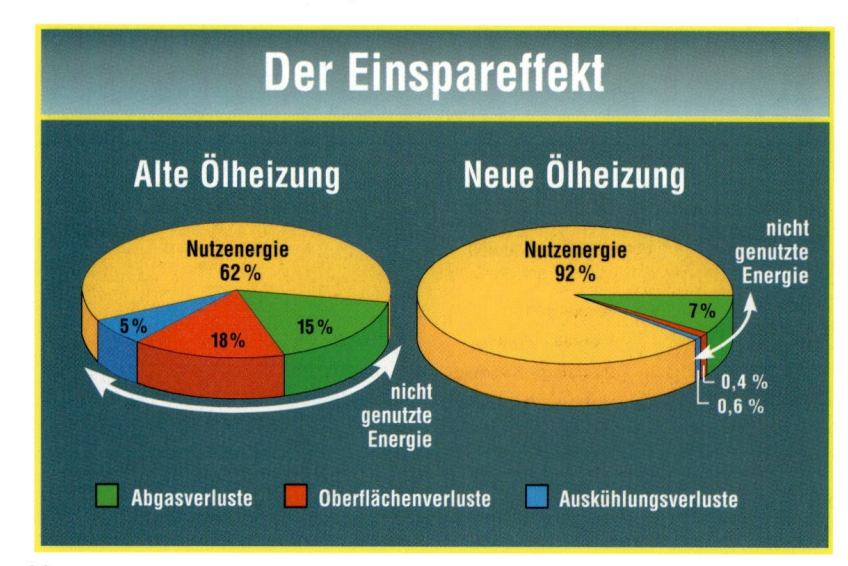

Der Einspareffekt

Alte Ölheizung
- Nutzenergie 62 %
- Abgasverluste 15 %
- Oberflächenverluste 18 %
- Auskühlungsverluste 5 %

Neue Ölheizung
- Nutzenergie 92 %
- nicht genutzte Energie 7 %
- 0,4 %
- 0,6 %

■ Abgasverluste   ■ Oberflächenverluste   ■ Auskühlungsverluste

gefördert. Die Kreditanstalt für Wiederaufbau (KfW) vergibt zinsgünstige Kredite im Rahmen ihres CO_2-Minderungsprogramms (alte Bundesländer) bzw. Wohnraummodernisierungsprogramms (neue Bundesländer). Die KfW gewährt Kredite dabei nicht unmittelbar an den Bauherrn, sondern ausschließlich über Kreditinstitute. Das kann zum Beispiel Ihre Hausbank sein.

Wichtig: Der Kreditantrag muß vor Beginn der Modernisierung gestellt werden.

Auch die Sonne hilft sparen.

Wenn Sie die moderne Ölheizung mit Solarkollektoren kombinieren, kann der Energiebedarf für die Warmwasserbereitung im Sommer vollständig durch die Sonne gedeckt werden. Sie könnten während dieser Zeit Ihre Ölheizung einfach abschalten. Auch in den übrigen Monaten hilft die Solaranlage beim Sparen. Erfahrungsgemäß sinken so die jährlichen Energiekosten für warmes Wasser um bis zu 70%!

Das »Anzapfen« der Sonne verursacht keine CO_2-Emissionen, keinen Schadstoffausstoß – und Sonnenenergie kostet Sie keinen Pfennig. Geld vom Staat gibt es oft noch obendrauf – in Form von Fördermitteln: Bund, Länder und z. T. auch Kommunen fördern die Nutzung der Solarenergie. Weitere Informationen über die unterschiedlichen Förderprogramme erhalten Sie bei IWO, Institut für wirtschaftliche Oelheizung e.V., in Hamburg, Tel. 0 40/23 51 13 40, oder per E-Mail IWOeV@aol.com

Lassen Sie sich von moderner Technik verwöhnen.

Die moderne Ölheizung arbeitet leise und läuft bei normaler Wartung störungsfrei. Eine intelligente Regelung sorgt automatisch für die gewünschte Wärme – bei jedem Wetter. Das alles leistet die moderne Ölheizungstechnik auf kleinstem Raum. Denn heute haben sich Kompaktanlagen – sogenannte Units – als Niedertemperaturanlagen durchgesetzt. Sie brauchen nicht mehr als 1 m^2 Platz im Haus. Ihre Elemente – Brenner, Kessel und Regeltechnik – sind optimal aufeinander abgestimmt. Moderne Units stehen für hohe Wirtschaftlichkeit und schadstoffarme Verbrennung.

Die Niedertemperaturtechnik.

In einer Niedertemperaturanlage ist im Vergleich zur früher üblichen 70 – 90°C - Heizung die Betriebstemperatur deutlich nied-

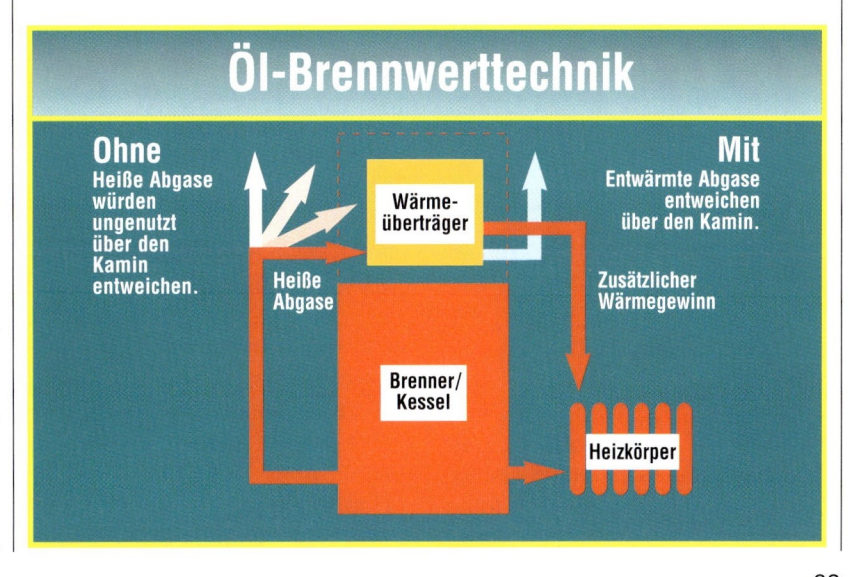

Ölheizungsanlage

riger. Die durchschnittliche Kesselwassertemperatur während der Heizperiode liegt bei ca. 50 °C und wird in Abhängigkeit zur Außentemperatur gleitend gefahren.

Fazit: niedrige Heizwasser-Vorlauftemperatur, geringe Wärmeverluste und geringer Verbrauch.

Noch effektiver – die Öl-Brennwerttechnik.

Öl-Brennwertanlagen bringen eine noch höhere Energieausnutzung gegenüber Niedertemperaturanlagen. Denn sie nutzen zusätzlich die Restwärme der sonst durch den Schornstein entweichenden Abgase.

Übrigens: Durch den Zubau eines Wärmetauschers lassen sich Niedertemperaturanlagen zu Brennwertanlagen erweitern. Es gibt heute auch schon kompakte Öl-Brennwert-Units – ihr Angebot im Markt ist allerdings noch begrenzt.

Die oberirdische Heizöllagerung.

In einem Einfamilienhaus z. B. brauchen Sie nicht mehr als ca. 3-4 m² für die Bevorratung Ihres Heizöls. Der Aufstellungsort muß frostgeschützt sein, ein separater Lagerraum ist häufig nicht erforderlich. Denn bis zu 5.000 Liter Heizöl können im Heizraum selbst gelagert werden.

Die unterirdische Heizöllagerung.

Ein Erdtank ist die »platzsparendste« Lösung. Im Haus brauchen Sie dann nur noch 1 m² Platz für Ihren Heizkessel. Bei Neubauten läßt sich der Erdtank kostengünstig einbringen, weil die Erdarbeiten beim Aushub der Baugrube gleich mit ausgeführt werden können. Erdtanks sind grundsätzlich doppelwandig und werden in der Regel aus Stahl, aber auch aus GFK gefertigt.

Sicherheit im Blickpunkt.

– Alle modernen Tankarten sind korrosions- und alterungsbeständig.

– Der Grenzwertgeber schützt vor Überfüllung beim Betanken.

– Der Füllstandsanzeiger – vergleichbar mit der Tankuhr im Auto – zeigt zuverlässig den Heizölvorrat an.

– Doppelwandige Tanks sind stets mit einem selbsttätigen Leckanzeigegerät ausgestattet, insbesondere wichtig beim Erdtank.

Regelmäßige Wartung.

Ihre Ölheizung soll Ihnen auf Dauer zuverlässig, sparsam, sicher und schadstoffarm wohlige Wärme liefern. Wir empfehlen daher die regelmäßige Wartung und Funktionskontrolle durch Ihren Heizungsbauer bzw. einen zugelassenen Fachbetrieb für Tankschutz. Letzterer kann auch Ihr Heizungsbauer sein.

Adresse:
IWO Institut für wirtschaftliche Oelheizung e.V.
Süderstraße 73 a
20097 Hamburg

Tel. 0 40/23 51 13-0
Fax 0 40/23 51 13-29
E-Mail IWOeV@aol.com
Internet http://www.iwo.de

Mit Liebe zum Detail
So können Sie behaglich wohnen

1. Ermittlung des Raumbedarfs

Falls Sie Ihre Immobilie nur zu Wohnzwecken benutzen wollen, hängt Ihr Raumbedarf im wesentlichen von der Größe Ihrer Familie, Ihren Bedürfnissen und Interessen ab. Setzen Sie diese Vorgaben in ein Raumprogramm um, das Sie nach Wohnflächen-, Nutzflächen- und Zusatzflächenanteilen gliedern.

- Zum **Wohnflächenanteil** gehören z. B. Wohnzimmer oder Wohn-/Eßzimmer, Eßzimmer oder Eßdiele, Wohnküche oder Eßküche, Arbeitsküche Hausarbeitsraum, Schlafzimmer, Kinderzimmer, Arbeitszimmer, Gästezimmer, Diele, Windfang, Gäste-WC, Bad, gegebenenfalls separates WC, Gästebad und Abstellraum.
- Zum **Nutzflächenanteil** gehören z. B. Vorratsräume, Heizraum, Tankraum oder Raum für Festbrennstoffe, Hausanschlußraum, Speicher, Waschküche, Trockenraum und gegebenenfalls Schwimmbad, Sauna und Solarium; falls Sie die Garage

Foto: OSMO, Münster

Raumprogramm

im Haus haben wollen, gehört auch die hierfür benötigte Fläche dazu.
- Zum **Zusatzflächenanteil** gehören z. B. Balkon, Loggia und Terrasse.

Vermerken Sie in Ihrem Raumprogramm die von Ihnen für nötig gehaltenen Flächengrößen; die Summe ist Ihr Raumbedarf.

2. Kostengünstige Planungspunkte

Begrenzung der Baukosten bedeutet, daß Sie mehr aus Ihren Finanzmitteln herausholen. Dies sind die wichtigsten Grundsätze:

- Nutzen Sie das Grundstück optimal. Gehen Sie z. B. von den im Bebauungsplan vorgegebenen Grund- und Geschoßflächenzahlen aus und prüfen Sie, bei welcher Grundstücksgröße genau der von Ihnen benötigte und gewünschte umbaute Raum zu verwirklichen ist. Sie sollten möglichst kein zu großes Grundstück erwerben.
- Gehen Sie immer wieder kritisch Ihr Raumprogramm durch und vermeiden Sie die Schaffung von umbautem Raum, der nicht gebraucht wird.
- Bei vorgeschriebenem Bauvolumen werden die Außenflächen größer, je stärker der Grundriß verschachtelt ist. Dadurch wird nicht nur die Bauausführung teurer, Sie müssen auch mehr Material verbauen lassen.
- Halten Sie den umbauten Raum in vernünftigen Grenzen, über 2,50 m hohe Räume kosten nur unnötig viel Geld in der Heizperiode.
- Bei vorgeschriebener Wohnfläche bauen Sie günstiger, wenn Sie mit den »Verkehrsflächen«, also Fluren und Treppenhäusern, ökonomisch umgehen. Im eigengenutzten Einfamilienhaus können Sie sich ein separates Treppenhaus sparen; der Aufgang ins Obergeschoß ist leicht in den Wohnbereich zu integrieren. Vermeiden Sie zu viele abgeschlossene Räume auf einem Geschoß, das bedeutet nur mehr Flurfläche.
- Doppelnutzung von Räumen spart Kosten beim Bau.
- Prüfen Sie, ob Sie überhaupt eine Unterkellerung brauchen – übererdige Abstell- und Nebenräume sind viel billiger.
- Passen Sie den Bau dem Gelände richtig an; Sie können für den Aushub und das Fundament viel Geld und Material verschwenden, wenn Sie hier sorglos vorgehen.
- Verzichten Sie auf Sanitäreinrichtungen unterhalb der Rückstauebene des Abwassersystems; Sie müssen sonst störanfällige Pumpen einbauen.
- Versorgungsleitungen sollen möglichst kurz sein.
- Kippfenster sind nicht unbedingt nötig, zumindest nicht überall. Manche Fenster oder Fensterteile werden überhaupt nie geöffnet; hier genügen festverglaste Elemente.
- Die Verwendung ortsüblicher Baumaterialien kann in gewissem Umfang vorgeschrieben sein. Nehmen Sie sie auch deshalb, weil die ortsansässigen Handwerker diese Materialien am besten kennen.
- Planen Sie zukunftsorientiert; zusätzliche Versorgungsleitungen, Leerrohre, Rohrschächte usw. erleichtern und verbilligen eventuelle spätere Um- oder Ausbauten.
- Alles, was Sie in Eigenleistung schaffen, erspart Ihnen Ausgaben, und je einfacher Sie planen, desto mehr können Sie selbst tun. Bedenken Sie aber, daß es natürlich Gewerke gibt, die nur Fachleute ausführen dürfen!

Bei der Neuplanung von Wohnhäusern gehört der **Dachausbau** heute selbstverständlich zum Raumprogramm. Dachwohnräume haben, richtig isoliert und belichtet, gleichen Wohnwert wie Räume mit senkrechten Wänden. Das gilt auch für Dachausbauten, die nachträglich im Zuge von Renovierungs- und Erweiterungsmaßnahmen ausgeführt werden.

- Sorgfältige Planung sichert ein gutes Ergebnis. Deshalb gehört zum Dachausbau mehr als das berühmte Loch im Dach, in das man ein Fenster hineinsetzt. Der Bauherr sollte

Raumprogramm

vorher genau überlegen, welche Funktion der Raum unterm Dach haben wird. Danach richten sich Anzahl, Lage, Größe und Art der Fenster. Architekten und Fensterhersteller verfügen über Planungsunterlagen.

- **Das richtige Fenster für den individuellen Wohnstil:** Es gibt unterschiedliche Fenstersysteme zum Dachausbau, die für unterschiedliche Wohnansprüche genutzt werden. Bevorzugt eingebaut werden Schwingflügel mit **obenliegender** Einhandbedienung. Sie können so niedrig eingebaut werden wie Senkrechtfenster, so daß sie einen freien Ausblick auch im Sitzen erlauben.

Hier noch **einige Tips,** die der Bauherr **bei Dachwohnräumen** beachten sollte:

- **Ausreichend große Fenster wählen**

Es gibt keinen Grund, Dachwohnräume durch geringere Ausleuchtung minderwertiger zu gestalten als Senkrecht-Räume. Deshalb sollte von vornherein die Lichtfläche der Größe des Wohnraums angemessen sein. Es empfiehlt sich, entweder mehrere kleine oder wenige große Fenster einzubauen. Aber nur große Fenster vermitteln den Eindruck von hoher Wohnlichkeit und Wohlbefinden.

Die Abstände der Dachsparren sollten nur in Nebenräumen die Fensterbreite bestimmen. Es ist kein Problem, Sparren im Bereich der Fenster zu versetzen (auszuwechseln) und entsprechend wohnliche Fenstergrößen einzubauen.

- **Freier Ausblick auch beim flachen Dach**

Grundsätzlich sind steile Dächer für den Dachausbau besonders geeignet. Aber auch unter flachgeneigten Dächern ist Ausbaukomfort möglich, wenn die Dachwohnfenster mit einem Aufkeileindeckrahmen ausgestattet werden. Dadurch wird das Dach im Bereich des Fensters steiler, der untere Durchblickpunkt rutscht unter die 110-cm-Marke, unter dem Fenster ist dadurch viel Raum gewonnen.

- **Keine Experimente mit der Dachhaut**

Das Dachgeschoß ist ein ideales Betätigungsfeld für Do-it-Yourselfer. Aber der Fenstereinbau gehört in die Hand des Fachmannes. Nicht, weil der Einbau von Dachfenstern an sich besonders schwierig ist, sondern weil das Öffnen und Schließen der Dachhaut mit besonderen Risiken verbunden ist, die ein Handwerker in jedem Fall besser beherrscht. Im übrigen ist er auch gewährleistungspflichtig.

- **Sonderausstattung bringt zusätzlichen Nutzen**

Nicht immer ist das erste beste Fenster auch wirklich das Beste. Eine – nicht viel aufwendigere – Sonderausstattung verbessert den Nutzen erheblich. Beispiele sind 3fach-Scheiben, Sonnenschutzverglasung, Schallschutz-, Sicherheits- oder Energiestopscheiben, Verarbeitung der Fensterflügel und Blendrahmen aus Naturholz. Insbesondere für Feuchträume (Bäder, Küchen usw.) eignet sich das Dachwohnfenster aus Polyurethan, da es unempfindlich gegen Schwitzwasser ist. In jedem Fall sollte der Bauherr die Angebote der Hersteller überprüfen.

- **Den Innenausbau nicht unterbewerten**

Beim Innenausbau sollte immer auf alle Details besonders geachtet werden: Die Innenverkleidung des Fensters muß sorgfältig und fachgerecht ausgeführt sein.

Foto: Velux, Hamburg

Raumprogramm

Zu jedem Dachwohnfenster gehört eine nutzbare Fensterbank mit viel Platz für Heizkörper, Unterschrank oder Regal.

- **Rechtzeitig an Sonnenschutz, Lichtschutz und Dekoration denken**

  Beim Fensterkauf beachten, ob Außenmarkisen, Jalousetten, Rollos und Möglichkeiten zum Anbringen von Gardinen und anderen Dekorationen am schrägen Fenster serienmäßig angeboten werden. Nur so läßt sich eine Raumgestaltung nach persönlichem Geschmack in der Dachwohnung verwirklichen.

- **Neue Flügel für alte Fenster**

  Ist ein Dachfenster »in die Jahre gekommen«, technisch und optisch veraltet, muß es nicht unbedingt durch neue Fenster ersetzt werden. So bieten einige Hersteller zum Beispiel den Besitzern veralteter Verbundflügel-Fenster moderne isolierverglaste Austauschflügel an. Die unkomplizierte Umrüstung erfolgt durch den Kundendienst zum Komplettpreis.

- **Wärmedämmung – aber richtig**

  Es gibt eine Fülle unterschiedlicher Möglichkeiten, Häuser und Dachräume gegen Wärmeverluste zu schützen. Sie sollten möglichst wirksam dämmen, um ihren Verbrauch an Heizenergie niedrig zu halten – achten Sie aber darauf, daß Ihr Haus trotz guter Wärmedämmung noch atmen kann. Wenn keine ausreichende Vorsorge für die Raumbelüftung und den Wasserdampf-Austausch getroffen wird, kommt es leicht zu ernsthaften Feuchtigkeitsschäden, Schimmelbildung und Schwitzwasser.

Trockenbau hilft Kosten sparen

Die z. Zt. geltenden wohnpolitischen Maßnahmen schaffen ein günstiges Umfeld für den gesamten Wohnungsbau. Trotz dieser Maßnahmen ist für viele der Eigenheimbau oder der Erwerb von Wohneigentum unerschwinglich und finanziell nicht mehr tragbar geworden. Kostengünstiges Planen und Bauen ohne Einbußen an Qualität sind deshalb eine aktuelle Forderung.

Wer auf Baustellen zu Hause ist, weiß, daß hier noch Reserven liegen und bereits in Planung und auch in der Bauausführung Kosten zu sparen sind. Gerade bei kleineren Einheiten wird beim Ausbau heute immer noch auf Trockenbautechniken und Montagewände verzichtet, deren Einsatz im Großobjekt längst unentbehrlich geworden ist. Dabei bildet gerade die Trockenbauweise beste Voraussetzungen, Baukosten zu senken, wenn sie bereits im Stadium der Entwurfsplanung konsequent berücksichtigt wurde. So läßt sich durch das geringe Gewicht nichttragender Tockenbauwände bereits die Rohkonstruktion statisch günstiger dimensionieren.

Installationsfreundliche Wandsysteme in Verbindung mit einer geschickten Grundrißplanung des Santiärbereichs sind eine weitere Position, die Kosten sparen hilft. Eine Unterputz-Installation mit aufwendigen, teuren Stemmarbeiten muß der Vergangenheit angehören, wenn Sanitärinstallationen schallgedämmt, kosten- und platzsparend im Wandinneren stabiler Raumtrennwände integriert werden können und gleichzeitig Sanitärobjekte mit wenigen Handgriffen an eingebaute Tragstände und Traversen zu montieren sind. Mit sorgsamer Planung und einem hohen Maß an Vorfertigung ist gerade hier eine erhebliche Einsparung möglich.

Darüber hinaus wird mit schlanken Trockenbauwänden ein Zugewinn an Wohnfläche erzielt, der sich nicht nur beim Geschoßwohnungsbau zu deutlich mehr Wohnfläche summiert. Beansprucht z. B. eine konventionell gemauerte Wand einschl. Putz 140 mm Dicke, so reichen bei einer schlanken Montagewand 80 mm. Die schalldämmenden Eigenschaften einer Montagewand sind mit entsprechender Mineralwolleinlage sogar besser als üblicherweise bei einer Massivtrennwand.

Türen

Ein weiterer Faktor darf bei solchen Überlegungen nicht außer acht gelassen werden: Bei Trockenbausystemen braucht keine Baufeuchte herausgeheizt werden – die Bauzeit wird dadurch oft deutlich verkürzt. Zu diesen handfesten wirtschaftlichen Fakten kommt eine weitgehende Planungsflexibilität, weil Montagewände eine spätere Anpassung an sich ändernde Wohn- und Nutzungsbedürfnisse ermöglichen.

3. Türensysteme und ihre Sicherheit

Eingangstüren

Die Eingangs- oder Haustür prägt das Gesamtbild eines Hauses mit. So kann sie Bestandteil eines repräsentativen Eingangsportals sein, sich unauffällig in die Fassade einfügen oder ganz bewußt einen farbigen Akzent am Haus darstellen.

Der Eingangstür wurde immer schon eine besondere Beachtung geschenkt, vermittelt sie doch den ersten Eindruck des Wohnstils der Hausbewohner. Die Tür kann auf den Besucher einladend oder abweisend wirken, durch Glaseinsätze das Außen mit dem Innen verbinden oder bewußt den Wohnraum als geschützten Rückzugsbereich von der Außenwelt abgrenzen.

In früheren Jahren wurden diese Türen einzeln nach den Wünschen der Besitzer meist aus Holz vom Schreiner angefertigt. Heute steht eine breit gefächerte Auswahl von Türen aus verschiedenen Materialien wie Stahl, Holz, Aluminium zur Verfügung. In den letzten Jahren sind verstärkt Kunststoff- und Glastüren hinzugekommen.

Die Formenvielfalt reicht von der Eingangstür mit aufwendigen Profilierungen, der schlichten glatten Naturholztür, über die sachlich gestaltete Aluminiumtür mit Glas bis hin zur Kunststofftür.

Außer dem gestalterischen Aspekt stellt man heutzutage noch weitere Anforderungen an die Haustüranlage. So müssen die Türen dem Schall- und Wärmeschutz entsprechen sowie der Langlebigkeit, Formstabilität und Pflegeleichtigkeit gerecht werden. Um Wohnungseinbrüchen vorzubeugen, sollten Sie bei der Wahl Ihrer Eingangstür den Punkt der **Sicherheit** mit einplanen. Nach einer Statistik der Deutschen Versicherungswirtschaft erfolgen

Foto: Biffar, Edenkoben

von 100 Einbrüchen allein 42 durch die Wohnungseingangstür, 19 durch Glasfüllungen in den Türen und der Rest geschieht über Nebentüren und Fenster.

Die Hersteller haben dafür komplette Haustürsysteme entwickelt, bei denen Türrahmen, Türblatt, Schließmechanismen, Türschwelle und -bänder sowie die Dichtungsprofile aufeinander abgestimmt sind. Nur dadurch kann die optimale Sicherheit und Funktionalität gewährleistet werden.

Türen, die das Prüfzeichen nach DIN 18 103 (Prüfnorm für einbruchshemmende Türen) tragen, widerstehen einem Kraftaufwand von 600 kg. Diese Zahl mag Ihnen sehr hoch erscheinen, doch durch bestimmte Werkzeuge wie Brecheisen, läßt sich durch Hebelwirkung die eingesetzte Körperkraft erheblich steigern. Durch Mehrfach-Verriegelungssysteme wird die Eingangstür an mehreren Punkten im Rahmen über Bolzen, Drehriegel oder ähnliche Systeme verschlossen. Neben der Stabilität des Türblatts sind die einbruchshemmende Ausführung der Bänder und deren Verankerung im Rahmen wichtig. Außerdem sollten Sie darauf achten, daß man die Tür nicht vom Boden heraushebeln kann.

Innentüren

Die Innentüren werden heutzutage nicht nur als reines Funktionselement gesehen, sondern mit in die Gestaltung der Räume einbezogen. Durch das vielfältige Angebot der Türenhersteller in Form und Material lassen sie sich auf den von Ihnen bevorzugten Wohnstil abstimmen.

Aufbau des Türblatts

Der Aufbau und das Material des Türblatts hängt vom jeweiligen Einsatzbereich ab. Innentüren trennen die einzelnen Wohnbereiche voneinander ab. Neben einem gewissen Schall- und Wärmeschutz sind keine besonderen Anforderungen an die Stabilität und Massivität gegeben. Die Türblätter müssen nicht »schwer« sein. Vielmehr können **gestalterische Aspekte** als Kriterium für Ihre Auswahl der Innentüren im Vordergrund stehen.

Dabei muß das Türblatt aber auch nach Jahren noch in seiner Form stabil bleiben sowie normalen mechanischen Belastungen standhalten. Bewährt hat sich dabei ein waben- oder röhrenförmiger Innenkorpus aus Karton oder anderen leichten Materialien wie Holz oder Aluminium. Er wird umseitig von massivem Material umfaßt. Dafür benutzt man bei Innentüren in der Regel Holz. Durch diese leichte Konstruktion ist die notwendige Stabilität gut gewährleistet.
Durch die eingeschlossene Luft entsteht zusätzlich noch ein Wärme- und Schallpuffer.

Beschläge, Türbänder und Einsteckschloß kann man mit dem notwendigen Halt im massiven Rahmen das Türblatts zuverlässig befestigen.
Achten Sie drauf, daß der massive Holzriegel unten an der Tür in der Höhe nicht zu knapp bemessen ist, damit Sie bei Veränderung des Bodenbelags die Tür kürzen können, ohne in die Hohlräume schneiden zu müssen.

Durch Furnierschichten, Zierleisten oder Lackierungen können Sie die Türblätter dem Charakter des jeweiligen Wohnraums anpassen. Zur besseren Belichtung von Räumen kann man auch ein Türblatt mit Innenausschnitt wählen, der ebenfalls von Massivholz umgeben ist und bei dem bereits die notwendigen Ausklinkungen für das Glas vorhanden sind. Die Glasleisten werden meist für eine Glasstärke von 4 mm mitgeliefert. Mit Ornamentglas, z.B. Glasscheiben mit eingefärbten Gläsern, lassen sich reizvolle Türen gestalten.

Schiebe- und Pendeltüren

Sicher haben auch Sie sich schon einmal geärgert, daß z.B. in einer kleinen Küche die offene Tür einem ständig im Weg steht. Als sinnvolle Alternative bietet sich hier der Einbau einer Schiebetür an. Die Schiebetür eignet sich immer dort, wo Räume sehr klein sind, aber dennoch eine Abtrennung gewünscht wird.

Bescheid wissen und Geld sparen beim Hausbau

**Der Bauherr –
das Magazin für
Massivbau und
Fertighaus.**

Mit den topaktuellen
Informationen über

- Baufinanzierung
- Energiesparen
- Baustoffe und -technik
- Innenausbau
- Planung
- Rechtsfragen

**96 Seiten
6x im Jahr
Nur 6,80 DM**

Fordern Sie gleich Ihr kostenloses Schnupperexemplar an:

Compact Verlag GmbH
Züricher Straße 29
81476 München
Telefon: 0 89 / 74 51 61-0
Telefax: 0 89 / 75 60 95
www.compactverlag.de

Alles, was der Bauherr wissen muß – von der Planung bis zum Einzug!

Thema: Wassersparen

4. Wasser und Energie sparen

Maßnahmen zum Wassersparen schützen die Umwelt und reduzieren gleichzeitig Ihre persönlichen Wasser- und Energiekosten. Es macht sich also unter dem Strich bezahlt, bei Modernisierung oder Neubau Ihres Bades auf eine moderne, wassersparende Technik zu setzen. Beispielsweise verbrauchen die neueren Flachspül- und Tiefspül-WCs wesentlich weniger Wasser als die älteren WC-Modelle. Statt mit 9 Litern kommen sie mit 6 oder sogar mit nur 4 Litern pro Spülung aus. Eine zusätzliche »Sparhilfe« ist ein Spülkasten mit eingebauter Spartaste.

Bei älteren Armaturen hilft der Einbau von sogenannten Sparsprudlern, Durchlaufbegrenzern und Durchlaufreglern, den Wasserverbrauch zu reduzieren. Wenn Sie neue Armaturen einbauen wollen, haben Sie folgende Möglichkeiten.

Zweigriffarmaturen

Überall dort, wo Wasser entnommen werden muß, benötigen Sie eine Auslaufarmatur. Von wenigen nostalgischen Ausnahmen abgesehen, handelt es sich in modernen Bädern um Mischbatterien, bei denen Sie kaltes und warmes Wasser für die gewünschte Wassertemperatur mischen können.

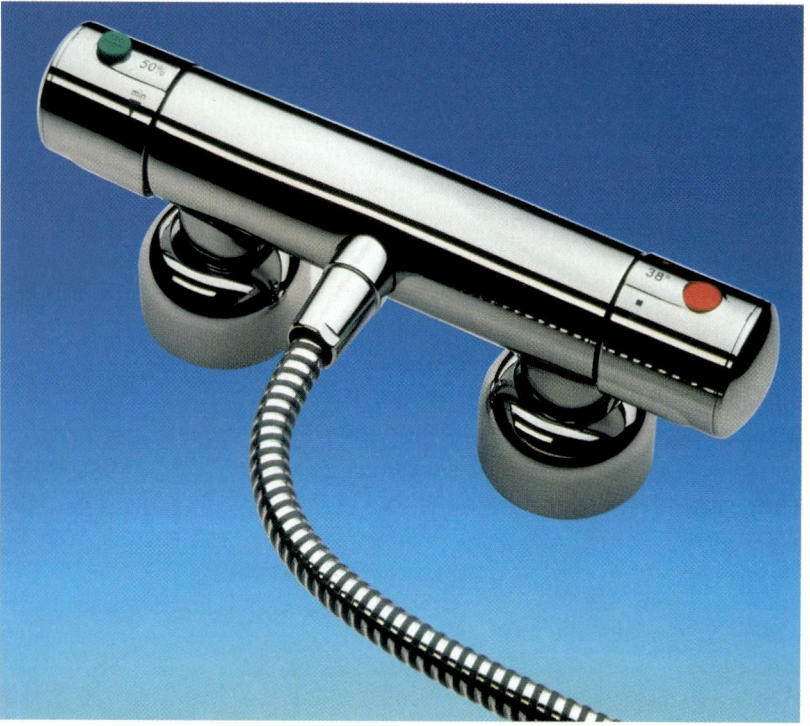

Foto: Hansgrohe, Schiltach

Bei Zweigriffarmaturen mit je einem Drehgriff für kaltes und warmes Wasser kann die Wassermenge und die Temperatur mit beiden Reglern sehr fein dosiert werden. Allerdings muß die Mischung von Kalt- und Warmwasser jedesmal wieder neu eingeregelt werden. So wird unnötig viel Wasser und Energie verbraucht.

Einhebelmischer

Komfortabler sind Einhebelmischer, bei denen mit einem Hebel sowohl die Wassermenge wie auch die Wassertemperatur eingestellt wird. Je größer der Hebelweg ist, desto feiner lassen sich Wassermenge und die Mischtemperatur regeln.

Eine einmal eingestellte Wassertemperatur kann auch beim Schließen des Hebels erhalten bleiben.

Dann genügt es, den Armaturhebel nur nach oben zu ziehen, um wieder warmes Wasser mit der gewünschten Temperatur zu erhalten.

Ein Nachteil von Einhebelmischern ist jedoch, daß gerade die Wassermenge nicht so genau zu regulieren ist, zumal der Anwender meist dazu neigt, den Hebel

Thema: Wassersparen

immer voll nach oben zu ziehen. Bei vielen Einhebelmischern kann jedoch die maximale Wassermenge mit einer Einstellschraube reguliert werden.

Einhebelmischer sind vor allem an Waschtischen und an der Badewanne zu empfehlen. Zwar helfen sie auch beim Duschen, Wasser zu sparen; da aber hier oft ein Nachregulieren erforderlich ist, bis sich die Wassertemperatur auf den gewünschten Wert eingependelt hat, sind sie keine Optimallösung für die Dusche.

Thermostatbatterien

Thermostatbatterien ermöglichen es, fast von Anfang an eine konstante Wassertemperatur zu wählen und zu erhalten. Sie steuern automatisch den Zulauf von Warm- und Kaltwasser so, daß die gewünschte Wassertemperatur auch bei Temperaturschwankungen im Rohrnetz eingehalten wird. Sie sind besonders für den Einsatz in der Dusche zu empfehlen; bei der Badewanne gleichen sich durch die große Wassermenge die Unterschiede beim Einregeln leicht von selbst aus.

Laut den Herstellern solcher Thermostatbatterien soll sich so beim Duschen im Vergleich zu einer Zweigriffarmatur 50% und mehr Wasser einsparen lassen. Dadurch machen sich die Mehrkosten für die Anschaffung einer Thermostatbatterie schnell bezahlt.

Die meisten Thermostatbatterien sind zusätzlich mit einem praktischen Verbrühschutz ausgestattet, der verhindern soll, daß nur Heißwasser aus der Leitung läuft. Bei den meisten Armaturen läßt sich diese Sicherung aber durch das Drücken eines Knopfs bei Bedarf überwinden.

Andere Möglichkeiten

Auch elektronisch gesteuerte Anlagen helfen, Wasser zu sparen. Sie kennen solche Anlagen vermutlich aus öffentlichen Toiletten. Ein Sensor registriert, daß Sie die Hand zum Waschen ins Waschbecken halten – daraufhin öffnet er den Wasserzulauf. Ziehen Sie die Hand zurück, wird er wieder geschlossen.

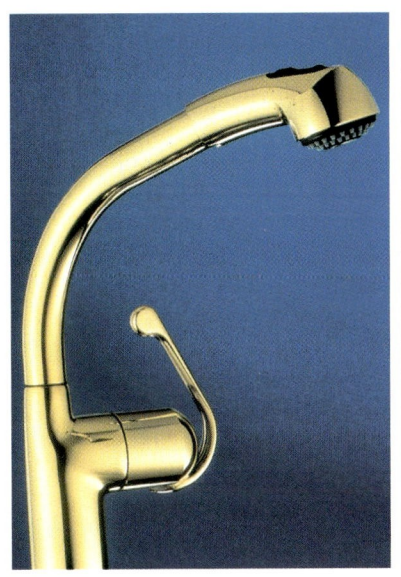

Foto: Friedrich Grohe, Hemer

Foto: Hansgrohe, Schiltach

Foto: Interpane, Lauenförde

5. Energiespartips

Energie ist teuer und wird es auch bleiben. Die meiste Energie wird im Haus durch das Heizen verbraucht. Wer hier früh genug ans Sparen denkt, ist gut beraten. Inzwischen gibt es Baukonzepte – teilweise noch im Versuchsstadium – die auf radikale Energieeinsparung ausgerichtet sind. Hier wird – von den großklimatischen Verhältnissen über das Mikroklima des Grundstücks, die Auswahl des geeigneten Materials, manchmal ohne Rücksicht auf Kosten, bis zur Ausnutzung der Bodenwärme – alles der Energieeinsparung untergeordnet. Was dabei bisher herausgekommen ist, sieht – in jeder Hinsicht – nicht schlecht aus, erfordert jedoch einen großen Aufwand. Wenn Sie die folgenden Punkte beachten, können Sie kostengünstig eine Menge Energieverlust vermeiden.

- Außenwände dürfen möglichst wenig Wärme nach außen abgeben. Sie können das anhand der »Wärmedurchgangszahl« (k) der Baumaterialien prüfen.
- Verwenden Sie Baustoffe, die durch ihre Wärmespeicherfähigkeit ein stärkeres Auskühlen der Wände während der Nacht verhindern.
- Der Energieverbrauch hängt in einem nicht unbeträchtlichen Maß von dem Gefälle zwischen Innen- und Außentemperatur ab. Regeln Sie daher Ihre Heizung, indem Sie den Zimmerthermostat mit einer entsprechend eingestellten Außensteuerung kombinieren.
- Fenster haben ohnehin einen sehr hohen k-Wert; achten Sie darauf, daß er durch schadhaftes Material und schlechte Verfugung nicht noch größer wird. Nutzen Sie den hohen k-Wert andererseits aber auf der Südseite; denn Wärmeaustausch ist ja keine Einbahnstraße. Also – an die Südseite größere Fenster, wobei Sie daran denken müssen, die Wärmestrahlung z.B. durch Markisen auch dosieren zu können.
- Verlegen Sie wärmeführende Leitungen nur, wenn es gar nicht anders geht, in Außenmauern; wenn es doch sein muß, rentieren sich in jedem Fall die zusätzlichen Kosten für eine sehr gute Isolierung.
- Je kürzer die Wärmetransportwege sind, desto mehr Energie wird gespart.
- Fußbodenheizungen lohnen sich, da sie energiesparend im Niedrigtemperaturbereich arbeiten; sie sind nicht wesentlich teurer, wenn man berücksichtigt, daß bei einer Heizkörperheizung Baunebenkosten wie Estrich, Lackieren des Heizkörpers, Öffnen und Schließen von

Sonnenenergie

Schlitzen mitgerechnet werden müssen.
- Das Heizsystem mit Wärmerückgewinnung setzt eine bestimmte Konstruktion voraus: Das gesamte Gebäude – Außenwände, Keller, Dach – wird zweischalig konstruiert. So entsteht eine Luftschicht zwischen den Wänden rund ums Haus. Die von der Raumheizung nach innen abgegebene Wärme entweicht normalerweise durch die Außenhülle des Gebäudes unwiederbringlich an die Außenluft. Bei diesem neuen System ist das anders: hier wird die abstrahlende Wärme des Hauses durch die Luftschicht aufgenommen und direkt in die Heizzentrale transportiert, bevor sie an die Außenluft verloren gehen kann. Die Wärme wird also zurückgewonnen, in der Heizzentrale aufbereitet und erneut an die Raumheizung abgegeben. So entsteht ein geschlossener Energiekreislauf. Wärmeverluste – durch Fenster, Türen, Lüftung etc. – werden durch die Antriebsenergie des Systems ausgeglichen.

Der außerordentlich niedrige elektrische Anschlußwert für die nötige Wärmepumpe beträgt nur 15 Watt/m² beheizter Fläche. Mit anderen Worten: Ein 140 m² großes Wohnhaus läßt sich sogar mit dem Energiebedarf von nur 2 Haartrocknern beheizen! Die Betriebsbedingungen für die Technik sind bei diesem Heizsystem außerordentlich günstig, was für eine lange Lebensdauer und geringe Störanfälligkeit spricht.
- Bauen Sie ein Wärmeverteilsystem ein, das maximal 45° (besser weniger) an Vorlauftemperaturen benötigt; nur so ist sichergestellt, daß Sie zu einem späteren Zeitpunkt eine Wärmepumpe richtig anschließen können.
- Halten Sie die Außenflächen im Verhältnis zum Gesamtvolumen möglichst klein.
- Offenes Wohnen, vor allem wenn es mehrgeschossig ist, verbraucht unnötig viel Heizenergie.

6. Ausnutzung der Sonnenenergie

Grundlegende Voraussetzung für aktive und besonders für passive Sonnenenergienutzung ist ein wirtschaftlich optimaler Wärmeschutz des ganzen Hauses. Es gilt außerdem alles, was über die Wärmedämmung (ab Seite 43) und die allgemeinen Energiespartips (vgl. Seite 76) gesagt wurde. Besonders große Wirkungen für die passive Sonnenenergienutzung bei verhältnismäßig geringem Bauaufwand erzielen Sie durch die richtige Gestaltung der Fensterflächen und durch die passende Materialwahl. Glas läßt den größten Teil der eingestrahlten Sonnenenergie, das sichtbare Licht, in den Raum hinein. Dort wird fast alles sichtbare Licht von den Raumbegrenzungsflächen und den Einrichtungsgegenständen absorbiert.

Dabei wandelt es sich in Wärmestrahlung um, für die Glas undurchlässig ist. Solange die Sonne scheint, aber unter Umständen auch bei bedecktem Himmel (diffuse Strahlung), ergibt sich deshalb hinter Glas eine positive Strahlungsbilanz und damit ein Wärmegewinn, wenn der k-Wert für die Außenflächen des betreffenden Raums nicht zu hoch ist.

Wirkungsvoll passive Sonnenenergienutzung durch die **Fenster** erreichen Sie durch folgende Maßnahmen:
- An der Südfassade möglichst große verglaste Flächen – verwenden Sie Wärmeschutzgläser mit einem k-Wert von etwa 1,3 W/m²K, dazu im Winter und in den Übergangszeiten einen beweglichen Wärmeschutz (z.B. wärmedämmende Rolläden) und im Sommer gegen zuviel Strahlungszufuhr Markisen oder leichte Jalousien.
- An den Ost- und Westfassaden normal große Fenster, mindestens aus Isolier-, besser aber aus Wärmeschutzglas; für den Sommer ist besonders wirksamer Schutz gegen die sehr starke Energieaufnahme erforderlich, für den Winter beweglicher Wärmeschutz.

Raumprogramm

- An der Nordfassade möglichst wenige und kleine verglaste Flächen mit wirkungsvollem Wärmeschutz für den Winter, am besten wärmegedämmte Schlagläden.

Außerdem gilt:
- Je weniger die verglaste Fläche geteilt ist, desto wirksamer ist sie für die passive Sonnenenergienutzung – 4 m^2 Fensterfläche verteilt auf fünf Einzelfenster ergibt nur noch etwas mehr als 3 m^2 verglaste Fläche; der Rest geht für Rahmen und Anschlag darauf.
- Je weniger Flügel ein Fenster hat, desto größer ist seine verglaste Fläche und desto weniger Fugen gibt es, durch die kostbare Heizenergie entweichen kann.
- Flache Fensterstürze und abgeschrägte Laibungen bringen eine besonders große Licht- und Sonnenenergie-Ausbeute.
- Speicherungsfähige Baumaterialien im Raum verbessern den Energie-Nutzeffekt.

Fast ebenso einfach wie Sonnenenergienutzung durch Fenster funktioniert die Verglasung von **Balkonen und Loggien** an Südfassaden. Werden dann diese Räume noch bepflanzt, schafft man damit eine schützende und wärmende Klimazone vor den Wohnräumen, die man noch bis weit in die kalte Jahreszeit ohne zusätzliche Heizung nutzen kann.

Besonders große Nutzeffekte können Wintergärten und vorgebaute Glashäuser bringen. Allerdings müssen Sie sicher sein, daß die allgemeinen klimatischen Bedingungen vor Ort und die klimabeeinflussenden Gegebenheiten durch Bebauung und Bepflanzung der näheren Umgebung eine ganzjährige Nutzung erlauben.

7. Die Gruppierung der Räume

Wenn Ihr Raumprogramm »steht«, können Sie daran gehen, die Zuordnung der Räume untereinander und ihre Gesamtanordnung den Grundstücksverhältnissen entsprechend festzulegen. Eine große Hilfe wird Ihnen dabei sein, wenn Sie zunächst einmal die Punkte notieren, über die Sie sich in Ihrer alten Wohnung immer geärgert haben und die durch Baumaßnahmen zu beeinflussen sind. Darüber hinaus sollten Sie noch auf alle Fälle folgende generelle Grundsätze berücksichtigen:
- Richten Sie die Wohnbereiche immer nach Süden oder Westen aus.
- Die Schlafbereiche sollten Sie dabei nach Osten oder Westen legen.
- Kinderzimmer sollten nach Süden gehen.
- Nebenräume nach Norden.

8. Die Grundrißgestaltung

Natürlich müssen Sie Kompromisse machen, wenn Sie die kostensparenden Planungspunkte untereinander und diese mit den Forderungen z.B. nach Variabilität des Grundrisses in Einklang bringen wollen. Bei der Umsetzung Ihrer Vorstellungen und Anforderungen in einen Grundriß müssen Sie also noch einmal neu abwägen. Das sollten Sie aber immer berücksichtigen:
- Vermeiden Sie einen verwinkelten, komplizierten und verschachtelten Baukörper.
- Bedenken Sie, daß Sie später möglicherweise die Kinderzimmer anders verwenden wollen; treffen Sie deshalb geeignete Maßnahmen durch Verwendung leichter Trennwände und Einbau entsprechender Installationen.
- Halten Sie sich die Möglichkeit offen, Ihr Haus später zu erweitern, das Dachgeschoß auszubauen oder ein Nebengebäude zu errichten, indem Sie geeignete Maßnahmen ergreifen.
- Eine spätere Hausteilung sollte möglich sein; setzen Sie zu diesem Zweck überall, wo es geht, möglichst verschiebbare Trennwände ein.

Kombinieren Sie die Vorteile eines variablen mit denen eines offenen Grundrisses – beispielsweise durch Einplanung von Schiebetüren.

Fassadengestaltung

9. Die Fassadengestaltung

Ihr Grundstück soll, wenn es erst fertig bebaut ist, für Sie und Ihre Mitmenschen natürlich auch ein angenehmer Anblick sein. Die einzelnen Bauteile, Haupt- und Nebengebäude, Einfriedung, Bepflanzung und Wege, sollen ein harmonisches Ganzes bilden. Sie fühlen sich erst dann in Ihrem Haus richtig wohl, wenn auch sein Äußeres »stimmt«. Oft gibt schon der Bebauungsplan Hinweise: im einzelnen aber ist die Gestaltung Ihre Sache.

Für die Außenseite gibt es grundsätzlich drei Gestaltungsmöglichkeiten, die Sie aber auch miteinander kombinieren können.

Die verputzte Fassade

- In der Regel wird **Kalkzementmörtel** verwendet. Sie können unter vielen Putzarten wählen: vom »Schlämmputz«, der das Mauerwerk in seiner Struktur sichtbar bleiben läßt über den »Besenwurfputz«, der eine feinkörnige und gleichmäßige Oberflächenstruktur ergibt bis zu den verschiedenen Grob- und Rauhputztechniken, mit denen sich mehr oder weniger stark strukturierte Oberflächen erzielen lassen.
- **Edelputze** bestehen aus besonders hochwertigen mineralischen Grundstoffen, denen auf Wunsch auch lichtechte wasser-

Foto: Bien-Zenker, Schlüchtern

Fassadengestaltung

Foto: Bien-Zenker, Schlüchtern

feste Farbstoffe beigemischt werden, wodurch der sonst eventuell zusätzlich erforderliche Anstrich eingespart werden kann. Edelputze verwendet man hauptsächlich bei folgenden Putztechniken:
– dem »Waschputz«, bei dem die Oberfläche nach vollständiger Trocknung mit Bürste und Wasser bearbeitet wird, so daß die blanken Quarzkörner sichtbar hervortreten,
– dem »Steinputz«, der so stark aushärtet, daß er steinmetzmäßig behandelt werden kann,
– und dem »Kratzputz«, bei dem die Oberfläche nach der Aushärtung mit einem Nagelbrett bearbeitet wird.

Edelputze sind besonders langlebig, wetterbeständig, atmungsaktiv, wasserabweisend und dehnungsfähig.

- **Kunstharzputze**, mit denen man bei vergleichsweise niedrigen Kosten fast alles machen kann. Unter dem Begriff Kunstharzputz versteht man Beschichtungsstoffe, die sich aufgrund ihrer guten Eigenschaften in den letzten Jahrzehnten in zunehmendem Maße als Schlußbeschichtung auf verschiedensten Untergründen im Innen- und Außenbereich durchgesetzt haben. Aus Kunstharz besteht bei diesen Produkten allerdings nur das Bindemittel, alle anderen Bestandteile (Sande, Füllstoffe)

Fassadengestaltung

sind die gleichen, wie sie bei mineralischen Putzen verwendet werden.

Die verblendete Fassade
Bei Holzverblendungen wird in der Regel Nadelholz verwendet. Solche Verblendungen bedürfen häufiger Anstriche und sorgfältiger Pflege und haben ziemlich hohe Folgekosten. Man verwendet deshalb zunehmend Schichtsperrholz oder Holzimitat aus Kunststoff. Beides ist nur wenig teurer als Holz, dafür braucht es nicht die aufwendige Pflege, und da es sich um Verblendungen handelt, entfällt das Problem der Atmungsaktivität. Verblendungen mit anderen Materialien wie z. B. Naturstein oder Klinker sind sehr schön, in der Regel aber wesentlich teurer als das Verputzen. Die besonders reizvolle Verblendung mit Schiefer kommt im allgemeinen nur in Regionen vor, wo dieses Material ortsüblich ist. Außenwandbekleidung mit Kupfer in Stehfalztechnik oder mit Kupfer-Fassadenplatten werden immer häufiger, weil bei ihnen keine weiteren Wartungs- und Pflegekosten entstehen.

Die naturbelassene Fassade
Sie bezieht ihre Attraktivität aus der nicht weiter bearbeiteten Struktur der Außenwände. Am häufigsten ist sicherlich das Sichtmauerwerk, bei dem Klinker, Hartbrandsteine oder Kalksandsteine verwendet werden (auch in Abhängigkeit davon, was ortsüblich ist). Daneben sieht man aber auch immer wieder Sichtbetonfassaden; eine optisch gute Lösung, allerdings nur da, wo der Gesichtspunkt der landschaftsbezogenen Bauweise nur eine untergeordnete oder überhaupt keine Rolle spielt. Immer mehr verwendet man auch hier Kupfer. Kupfer ist ein natürlicher Baustoff. Er harmoniert mit allen anderen natürlichen Werkstoffen am Bau. Er schützt sich selbst durch Bildung der Patina und verursacht keine weiteren Kosten für Pflege und Wartung. Wenn Sie nun an die Planung des »Kleides« Ihres Hauses gehen, beachten Sie folgende Punkte:

Foto: SchwörerHaus, Hohenstein

- Eine Auflockerung der Fassade erzielen Sie durch Putzbänder und Verschalungen mit den verschiedensten Materialien; achten Sie aber darauf, daß Sie möglichst landschaftsbezogene Materialien verwenden.
- Setzen Sie die einzelnen Hausteile durch Putzstrukturen bzw. durch Hervortretenlassen von Sichtmauerwerk optisch ab.
- Horizontale Gliederung läßt den Baukörper niedriger, vertikale Gliederung höher erscheinen.
- Ungleich angebrachte Fensteröffnungen machen die Fassade unruhig; große Fensterflächen sollten unterteilt werden.

Schutzraum

- Verwenden Sie für Tür- und Fensteröffnungen keine unterschiedlichen Materialien und Baustoffe.
- Wenn Sie ein Hanghaus bauen, bedenken Sie, daß Sie den überhöhten Sockel mit in die Planung einbeziehen müssen; achten Sie hier besonders auf die Gliederung der Kellerfenster im Verhältnis zu den darüberliegenden Wohnraumfenstern.
- Alle Dacheindeckungen, also auch beispielsweise die des Eingangsbereichs, sollten nach Form und Material mit dem gesamten Hauskörper und der Umgebung auch farblich abgestimmt sein.
- Wenn Sie eine Fassadenbepflanzung beispielsweise durch Blättergewächse planen, sollten Sie bedenken, daß dies auch optische Auswirkungen auf alle anderen Fassadenelemente hat.

Foto: SchwörerHaus, Hohenstein

10. Einplanung eines Schutzraums

Es besteht für Sie keine gesetzliche Verpflichtung, einen Schutzraum zu errichten. Die freiwillige Anlage solcher Schutzräume jedoch wird durch steuerliche Abschreibungsmöglichkeiten bzw. öffentliche Zuschüsse gefördert. Sie können auf diese Weise die Unterkellerung Ihres Hauses erheblich kostengünstiger erreichen. Die technischen Bedingungen finden Sie in den »Bautechnischen Grundsätzen für Schutzraumbauten«, herausgegeben vom Bundesministerium für Städtebau und Wohnungswesen.

Hausschutzräume werden nach verschiedenen Schutzgraden unterschieden. Der »Grundschutzraum« etwa muß vor Splittern, Trümmern zusammenstürzender Gebäude, radioaktiven Niederschlägen, Auswirkungen biologischer oder chemischer Kampfstoffe sowie Brandwirkungen Sicherheit bieten. Er schützt allerdings nicht mehr bei Voll- oder Nahtreffern und erst recht nicht im unmittelbaren Wirkungsbereich von Atomwaffen. Verstärkter Schutz ist bis zu einem gewissen Grad möglich.

Spezielle Informationen zum Thema »Schutzraumbau« können abgerufen werden beim:

Bundesverband für den Selbstschutz, Eupener Straße 74, 51149 Köln.

… Sauna

11. Einbau einer Sauna

Wer in die Sauna geht, tut etwas fürs gute Aussehen, für Gesundheit und Wohlbefinden und gegen den Streß. Wer es richtig macht, stärkt Herz und Kreislauf, die Widerstandskraft, entschlackt und entspannt sich dabei. Die Sauna im eigenen Haus stellt eine lohnende Investition für die ganze Familie dar. Man kann sie im Prinzip überall einrichten: es muß nicht immer im Keller sein. Genausogut eignet sich dafür der Dachboden, wenn die Decke stabil genug ist.

Aber warum nicht die Sauna im Wohnbereich installieren, z. B. im Bad oder Schlafzimmer? Dabei sparen Sie schon die zusätzliche Einrichtung eines Naßbereichs und des Vorraums, die zur richtigen Sauna gehören. Der »Schwitzkasten« selbst ist mit Ofen schon ab ca. 3 000 DM zu haben, wenn Sie ihn selbst aufstellen. Die »Standardgröße« mißt in Metern 2 x 2 x 2. Darin können 4 sitzende oder 2 bis 4 liegende Personen gleichzeitig schwitzen. Zum Heizen werden fast ausschließlich Elektro-Saunaöfen verwendet, sie sind sicher, zuverlässig und einfach zu bedienen.

Die Kosten sind erstaunlich niedrig. (Man rechnet pro Saunaabend für die ganze Familie mit etwa 15

Foto: Klafs, Schwäbisch-Hall

kWh, also etwa 3,50 bis 4 DM. Wo gibt es noch ein so preiswertes Vergnügen?)

Das Material für die Sauna ist möglichst gut ausgetrocknetes Holz, das die großen Temperaturschwankungen zwischen 20° und 120°C übersteht, ohne Risse zu bekommen. Holz wird vor allem wegen einer für diesen Zweck besonders günstigen Eigenschaft gewählt: es ist ein sehr schlechter Wärmeleiter. Deshalb kann man sich bei den hohen Lufttemperaturen in der Sauna direkt auf die Bänke setzen und an die Wände lehnen, ohne sich zu verbrennen.

Besonders geeignet für die Innenauskleidung sind nordische Fichte und kanadische Tanne (auch als »Hemlock« angeboten) und das afrikanische Abachi-Holz, das für die Bänke verwendet wird. Seit einiger Zeit werden auch Saunas angeboten, die zusätzliche Badeformen ermöglichen, z. B. Soft-Dampfbad und Heilkräuterbad. Dabei wird die Temperatur auf 45–55°C verringert und die relative Luftfeuchte erhöht.

Achten Sie überdies noch auf folgende Punkte und Kriterien:
- Frische Luft in der Sauna selbst sowie auch im Naß- und Liegebereich ist die Voraussetzung dafür, daß das Schwitzen tatsächlich die erwünschten Wirkungen hat.
- Der Boden sollte überall leicht und hygienisch einwandfrei zu säubern sein; ein einfacher Estrich genügt, wenn Ihnen ein Fliesen- oder Klinkerfußboden zu teuer ist. Für die Raumwände, die von der Kabine verdeckt werden, genügt ein einfacher Rohverputz.
- Für den Saunaofen ist ein Kraftstrom- bzw. Drehstrom-Anschluß erforderlich.
- Die Luftzufuhr zur Sauna selbst sollte unterhalb des Ofens erfolgen und die Entlüftung an der gegenüberliegenden Wand ins Freie führen. Es lohnt sich, zu diesem Punkt einen Fachmann zu fragen.
- Damit alle Einbau-Voraussetzungen richtig erfüllt werden und Sie Ihre Ideal-Sauna erhalten – es gibt viele Gestaltungsmöglichkeiten –, lohnt es, sich von einem Sauna-Fachmann beraten zu lassen.

12. Eine tolle Sache: Das Schwimmbad

Die Zeiten, als es den eigenen »Swimmingpool« nur als teures und schwer handhabbares Betonbecken gab, das sich überdies auch nur wenige leisten wollten und konnten, sind längst vorbei. Heute muß ein Kunststoff- oder Stahlbecken mit passablen Ausmaßen nicht mehr kosten als ein Farbfernsehgerät. Sie werden in Serie hergestellt, und die Firmen achten zunehmend darauf, Qualitätsverbesserungen als Werbeargumente benutzen zu können. Selbst Großversandhäuser haben inzwischen Schwimmbecken in ihre Sortimente aufgenommen. Bauseits – also von Ihnen – wird in der Regel die Anlage der Baugrube mit einer Magerbetonhinterführung verlangt.

Wenn Sie sich nun den Wunsch nach einem privaten Schwimmbad erfüllen, achten Sie besonders auf das Zubehör:
- Das Wasser darf niemals stehen, es verschmutzt sonst zu schnell. Umwälzpumpen und Filteranlagen gehören also unbedingt dazu; in den einfachsten Ausführungen für Freibäder gibt es so etwas schon ab ca. 2 500 DM.
- Wenn Sie das Wasser heizen, verlängert sich die Nutzungszeit ungefähr auf das Doppelte; dafür gibt es inzwischen günstige Filter-Heiz-Kombinationen zum Anschluß an die Hausheizung, was viel Energie sparen hilft. Die Anschaffung lohnt sich dann, wenn Sie Ihr Privatschwimmbad auch immer benutzen.
- Für Ihr Freibad sollten Sie auf jeden Fall eine Abdeckung anschaffen; die einfachste Art der Abdeckung, handbetrieben, kostet zwischen 2 500 DM und 4 000 DM. Elektronisch betriebene kosten zwischen 3 500 DM und 7 000 DM.

Schwimmbad

Foto: Sunshine, Emden

Sicherheitseinrichtungen

Sicherheit rund um die Uhr

So können Sie sich vor Risiken schützen

1. Schutz vor ungebetenen Besuchern

Besonders anfällig für ungebetene Besucher, die immer wieder das eine oder andere mitgehen lassen oder zerstören, ist Ihr Anwesen während der gesamten Bauzeit. Treffen Sie für diesen Zeitraum vor allen Dingen drei Maßnahmen:

- Sorgen Sie für eine Bewachung der Baustelle, beispielsweise durch einen nächtlichen Wachdienst.
- Sorgen Sie dafür, daß auf der Baustelle alle leicht beweglichen Gegenstände gesichert, am besten aber fest verschlossen aufbewahrt werden.
- Und sorgen Sie dafür, daß die gesamte Baustelle auch nach außen gesichert ist.

Alle zwei Minuten wird in Deutschland in ein Einfamilienhaus oder in eine Wohnung eingebrochen.

Mit Sicherungen können Einbrüche verhindert werden.
Sichern Sie Ihr Heim also genügend ab.
Versetzen Sie sich dabei in die Lage eines Einbrechers: Er wird versuchen, mit so wenig Aufwand und Lärm wie möglich einzudringen. Achten Sie auf die Anlage solcher Sicherungen bereits in der Planungsphase:

Keller
Die Lichtschächte müssen mit einem stabilen Gitterrost bedeckt sein, der durch möglichst tiefsitzende und festverschweißte Flacheisen mit dem Mauerwerk verschraubt und damit gesichert ist. Freiliegende Kellerfenster lassen sich durch Fenstergitter bzw. kombinierte Stahllochblenden mit innenliegendem Öffnungshebel, der gegebenenfalls durch ein Vorhängeschloß fixiert wird, einbruchsicher machen; Kellertüren, die ins Freie, aber auch solche, die ins Haus führen, sollten Normtüren aus Stahlblech sein mit innenliegenden Türbändern und selbstverständlich einem Zylinderschloß mit Sicherheitsbeschlag, der von außen nicht abschraubbar ist und möglichst einen Kernziehschutz hat. Das Schließblech sollte einbruchhemmend und durch Maueranker fest mit dem Mauerwerk verbunden sein.

Außentüren/Fenster
Türen aus Sperrholz oder gar Fensterglas erleichtern einem möglichen Einsteiger die Verwirklichung seiner Absichten ganz enorm. Achten Sie deshalb darauf, daß die Türblätter massiv sind und Glasfüllungen aus einbruchhemmendem Glas bestehen; verwenden Sie nur Türschlösser mit Zylinderschloß mit Sicherheitsbeschlag und möglichst mit Kernziehschutz sowie mit einbruchhemmenden, im Mauerwerk verankertem Schließblech. Sichern Sie sich – bei Ihren Außentüren vor allem – noch durch das Anbringen von Sicherheitsbügel, Sperrketten und die Anlage eines Weitwinkel-Spions

Sicherheitseinrichtungen

ab. Da Fenster, Terrassen- und Verandatüren im Erdgeschoß leicht erreichbar sind und von Einbrechern oft ausgehebelt werden, sollten sie mit Gittern oder abschließbaren Zusatzschlössern gesichert werden.

Die größtmögliche Einbruchssicherheit bei Fenstern und Türen sollte schon bei der Neubauplanung berücksichtigt werden. Wir empfehlen den Einbau von einbruchhemmenden Türen und Fenstern »VdS-anerkannt«. Sie werden von der VdS Schadenverhütung GmbH (ein Unternehmen des Gesamtverbandes der deutschen Versicherungswirtschaft) auf Widerstand gegen Einbruch geprüft und versprechen Qualität, da alle Teile aufeinander abgestimmt sind. Zusätzliche Nachrüstsicherungen wie z. B. Gitter oder abschließbare Zusatzschlösser sind dann nicht mehr nötig.

Was kann man noch tun?

Der beste Schutz für Bargeld, Sparbücher, Wertgegenstände wie z.B. Schmucksachen und Münzen usw. ist immer noch ein Wertschutzschrank – in der Wand eingebaut oder freistehend. Doch nicht jeder im Handel erhältliche Wertschutzschrank erfüllt seinen Zweck. Als Privatmann benötigt man sicher keinen Banktresor, allerdings auch keine »Metallschachtel«. Wertbehältnisse sind nach ihrer Qualität – Aufbruchsicherheit – in Widerstandsgrade bzw. Sicherheitsstufen eingeteilt. Je höher die Summe der Werte, desto besser sollte die Qualität sein. Versicherungen verlangen je nach Summe der Wertgegenstände für den Versicherungsschutz innerhalb von Wertbehältnissen bestimmte Qualitätsstufen. Am besten fragen Sie vor Anschaffung eines Tresors bei Ihrem Versicherungsfachmann nach.

Auch eine Einbruchmeldeanlage kann Sicherheit vor Einbrechern gewährleisten. Jedoch kann eine Einbruchmeldeanlage fehlende oder unzureichende mechanische Sicherungen in aller Regel nicht ausgleichen. Optimalen Schutz bieten VdS-anerkannte Einbruchmeldeanlagen.

Beim Kauf von mechanischen Sicherungen, einem Wertschutzschrank oder einer Einbruchmeldeanlage sollte man sich von einem Fachmann beraten lassen; fragen Sie auch nach der VdS-Anerkennung durch die Schadenverhütung GmbH.

Foto: Bien-Zenker, Schlüchtern

COMPACT IMMOBILIEN-RATGEBER

Die praktischen Bände mit vielen 100 Prüfpunkten und Praxisbeispielen für Bauherren, Haus- und Wohnungskäufer. Alles Wissenswerte wird sachkundig vermittelt.

Jeder Band 64 Seiten, Broschur
14,8 x 21,0 cm, 24,80 DM.

PRAKTISCHER RECHTSRATGEBER

Gründliche Einführung und Orientierungshilfe zur rechtlichen Lage des Hausbesitzers, Vermieters und Bauherrn. Konkrete Fallbeispiele, Tips, Gesetzestexte und Kommentare runden jeweils die Basisinformationen zu den einzelnen Themen ab.

Jeder Band 64 Seiten, Broschur
14,8 x 21,0 cm, 24,80 DM.

Foto: Bien-Zenker, Schlüchtern

2. Unfallverhütung und Unfallversicherung

Wer baut, sollte sich an zwei bewährte Erfahrungen halten: aufpassen und rechtzeitig vorsorgen. Baumaßnahmen sind häufig nicht ungefährlich. Trotz großer Vorsicht kann es einmal zu einem Sturz von der Leiter kommen. Der zunächst harmlos erscheinende Unfall bringt viel Ärger, Schmerzen und Kosten, unter Umständen auch einen langwierigen Heilungsprozeß.

- Wer trägt dann die finanziellen Folgen?
- Was passiert, wenn ein hilfsbereiter Nachbar bei Ihren Baumaßnahmen verunglückt?

Bauherr und Ehepartner sind nur gesetzlich versichert, wenn das Bauvorhaben nach den Richtlinien des zweiten Wohnungsbaugesetzes öffentlich gefördert wird. Der Versicherungsschutz ist dann für den Bauherrn, dessen Ehepartner, seine Angehörigen und

Versicherungen

die unbezahlten Helfer beitragsfrei. Versichert sind aber nur die Arbeiten am Bau selbst.

Es besteht kein Versicherungsschutz, wenn der Bauherr nach Beendigung der Bauarbeiten Unfälle beim Bewohnen oder Benutzen des Familienheimes erleidet, auch wenn diese Unfälle auf früher versicherte Baumaßnahmen zurückzuführen sind.

Ist das Bauvorhaben nicht öffentlich gefördert, besteht für alle mithelfenden Personen, außer Bauherr und Ehepartner, Unfallversicherungsschutz bei der zuständigen Bau-Berufsgenossenschaft (BG). Die Helfer muß der Bauherr bei der BG namentlich melden und für sie Beiträge entrichten.

Der Bauherr sollt aber eine private Unfallversicherung, die bei beruflichen und außerberuflichen Unfällen rund um die Uhr Versicherungsschutz bietet, vorziehen. Der gesetzliche Unfallversicherungsschutz ist auch für Helfer, die keinen regelmäßigen Verdienst haben (Hausfrauen, Studenten und Schüler), unzureichend. Selbst bei schlimmsten Unfällen ist in diesem Fall nur mit einer Grundversorgung zu rechnen.

Der Bauherr kann daher für sich und seine Helfer über eine beitragsgünstige private Gruppen-Unfallversicherung vorsorgen.

Leistungen einer privaten Unfallversicherung

Für jeden Tag in der Klinik aufgrund eines Unfalls, wird – bis zu zwei Jahren – ein Krankenhaustagegeld gezahlt. Danach gibt es entsprechend den im Krankenhaus zugebrachten Tagen das Genesungsgeld in gleicher Höhe – bis zu 100 Tagen, unabhängig davon, ob die/der Versicherte schon wieder berufstätig ist.

Kommt es so schlimm, daß die versicherte Person drei Monate in ihrer Leistungsfähigkeit vollständig beeinträchtigt ist, wird die Hälfte der vereinbarten Übergangsleistung gezahlt. Besteht nach drei weiteren Monaten immer noch eine erhebliche Beeinträchtigung, wird die volle Übergangsleistung, unter Abzug des bereits gezahlten Betrages, ausgezahlt. Bleiben Dauerfolgen, gibt eine Kapitalzahlung entsprechend dem Grad der Beeinträchtigung und der Höhe der Versicherungssumme. Außerdem kann eine Unfallrente mitversichert werden, die ab einem Invaliditätsgrad von 50% lebenslang gezahlt wird. Schließlich ist noch eine Todesfallsumme zur Absicherung der Hinterbliebenen versichert. Die Höhe der finanziellen Vorsorge können Sie durch Festlegung der Versicherungssumme selbst bestimmen. Lassen Sie sich von Ihrer Unfallversicherung im Einzelfall eingehend beraten. Sorgen Sie auch dafür, daß immer alle Vorkehrungen zur Unfallvermeidung getroffen sind.

Auf der Baustelle

Sie sind zwar dann für die Sicherheit der hier Arbeitenden verantwortlich, wenn Sie als Eigenbauunternehmer auftreten; dennoch sollten Sie sich darum kümmern, ob tatsächlich alle Sicherheitsbestimmungen eingehalten werden. Sie finden sie in den »Unfallverhütungsvorschriften für Bauarbeiten«, die Ihnen die örtlichen Bau-Berufsgenossenschaften kostenlos überlassen. Besondere Sicherheitsmaßnahmen sind u.a.:

- Die Baugrube muß durch ein Geländer umgrenzt sein.
- Schächte, z.B. Kanalschächte, müssen abgedeckt sein.
- Arbeiten in mehr als 5 m Höhe, an Öffnungen in Decken und Wänden und auf dem Dach erfordern besondere Vorkehrungen zur Sicherheit der Ausführenden und zum Schutz gegen fallende Gegenstände (Schutzgerüste). Verletzungen verursachen auch herumliegende Werkzeuge.

3. Die wichtigsten Versicherungen

Haftpflicht für unbebaute Grundstücke

Als Grundstücksbesitzer haften Sie für jeden Schaden, den ein anderer auf Ihrem Grundstück durch Ihr Verschulden erleidet, insbesondere dadurch, daß Sie Ihrer Verkehrssicherungspflicht nicht nachgekommen sind. Gegen die Folgen schützt Sie die Haftpflichtversicherung, deren

Versicherungen

Beitrag bei unbebauten Grundstücken sich im allgemeinen nach der Fläche bemißt.

Bauherren-Haftpflichtversicherung

Sie schützt den Bauherrn während der Bauzeit als Eigentümer des Grundstücks und des entstehenden Bauwerks.

Versicherungsschutz besteht auch dann, wenn der Bauherr folgende Pflichten nicht in ausreichendem Maß berücksichtigt hat:

- Die Verkehrssicherungspflicht – betrifft die Baustelle, die Zufahrt zur Baustelle sowie die Materiallagerung.
- Die Auswahlpflicht – hält den Bauherrn dazu an, nur wirklich geeignete Architekten und Bauunternehmer zu beauftragen.
- Die Überwachungspflicht – bezieht sich auf die am Bauobjekt beteiligten Personen.

Der Versicherungsschutz gilt für die Dauer der Bauzeit. Baueigenleistungen, also Selbsthilfe bei Bauausführung, Planung und/oder Bauleitung, sind in der Regel bis zu einer Baukostensumme von 30 000 DM mitversichert. Ist der Wert der Eigenleistung höher, wird für den über 30 000 DM hinausgehenden Betrag ein Zuschlag berechnet.

Beitragszuschläge sind meist auch dann erforderlich, wenn Abbrucharbeiten durchgeführt werden oder im Rahmen der Baueigenleistungen Turmdrehkräne und selbstfahrende Arbeitsmaschinen eingesetzt werden.

Im Service der Versicherung sind nachfolgende Punkte enthalten:
- Die Entschädigung berechtigter Ansprüche.
- Die Abwehr unberechtigter Ansprüche.

Achten Sie auch hier wie bei allen Haftpflichtversicherungen darauf, daß die Deckungssummen ausreichend hoch sind; empfohlen werden mindestens 3 Mio. DM für Personenschäden und 3 Mio. DM für Sachschäden.

Bauleistungsversicherung

Eine solche Versicherung schützt Sie vor Kosten, die während der Bauzeit durch unvorhergesehene Beschädigung oder Zerstörung der versicherten Bauleistung entstehen.

Ursache solcher Schäden können z.B. sein:
- Naturereignisse in ungewöhnlichem oder außergewöhnlichem Ausmaß.
- Konstruktions-, Material- und Ausführungsfehler.
- Unbekannte Eigenschaften des Baugrundes.
- Fahrlässige oder auch böswillige und vorsätzliche Handlungen Dritter.

Folgende Schadensfälle können mitversichert werden:
- Diebstahl von Gegenständen, die mit dem Gebäude fest verbunden sind.
- Feuerrisiko, soweit es nicht in eine separate Feuer-Rohbau-Versicherung fällt.

Folgenden Schadensfall können Sie ausschließlich und gegebenenfalls separat versichern:
- Glasbruchrisiko nach Einsatz der Scheiben.
  Dadurch kann eine günstigere Glasversicherung abgeschlossen werden.

Gegen folgende Gefahren versichert die Bauleistungsversicherung nicht:
- Reine Leistungsmängel (z.B. Pfuscharbeit).
- Diebstahl oder Einbruchdiebstahl von Materialien, die gelagert werden.
- Kriegsereignisse, innere Unruhen, Streik.
- Strahlungsschäden bei Kernenergieunfällen.
- Normale Witterungseinflüsse, mit denen wegen der Jahreszeit und der örtlichen Verhältnisse gerechnet werden muß.

Entschädigungen werden ebenfalls nicht geleistet für Vermögensschäden, Vertragsstrafen, Nutzungsausfall, Haftpflichtschäden sowie Mehrkosten durch Änderung der Bauweise und bauliche Verbesserungen.

Es sind grundsätzlich alle Gebäudeneu- oder Gebäudeumbauten einschließlich der dazugehörigen Erschließungsarbeiten versicherbar.

In der Regel sind folgende Gegenstände immer versichert: sämtliche Bauleistungen, Baumaterialien und Bauteile sowie als

Bauherren-Versicherung

Bei dieser Versicherung sind Sie der Architekt.

Wer baut, der muß mit vielem rechnen. Sprechen Sie deshalb rechtzeitig mit Ihrem Allianz Fachmann über Ihren Versicherungsschutz. Zum Beispiel als Bauherr über die Bauleistungs- und Bauherren-Haftpflichtversicherung, über die Feuer-Rohbau- und die Glasversicherung per Einsatz. Oder als Hausherr über die Dynamische Hausrat- und die Verbundene Wohngebäudeversicherung und über die Private, die Haus- und Grundstücks- sowie die Gewässerschaden-Haftpflichtversicherung. Schließlich geht es um Ihr Eigentum. **Hoffentlich Allianz versichert.**

Allianz

Versicherungen

wesentliche Bestandteile einzubauende Einrichtungsgegenstände (z.B. Einbauschränke, Waschbecken, Teppichböden) und, soweit vereinbart, Hilfsbauten wie z.B. Schalungen und Spundwände, Bauhilfsstoffe und Schadensuchkosten; weiterhin Baugrund und Bodenmassen.

Neben der klassischen Neubauleistungsversicherung kann bei Um-, An- und Erweiterungsbauten die Mitversicherung der zu bearbeitenden Altbauten (vorhandene Bauwerke) gegen bestimmte Gefahren beantragt werden. Der Deckungsumfang und die Versicherungssumme richten sich nach den technischen Notwendigkeiten.

Versicherungsschutz besteht nur für die Schäden, die während der Bauzeit eintreten. Für Schäden, die zu Lasten des Auftraggebers gehen, endet die Versicherung spätestens entweder mit der Bezugsfertigkeit oder sechs Tage nach Inbenutzungnahme oder am Tag der behördlichen Gebrauchsabnahme der Immobilie. Dabei gilt jeweils der früheste dieser Zeitpunkte.

Für Schäden, die zu Lasten eines Unternehmens oder Handwerkers gehen, endet die Versicherung mit der Abnahme seiner Lieferungen und Leistungen durch den Auftraggeber, also durch Sie.

Im allgemeinen ist es auch Versicherungsservice, eventuelle Schadensfälle für Sie zu regeln. Da neben dem Bauherrn auch alle Leistungen der am Bau beteiligten Unternehmer und Handwerker durch die Bauleistungsversicherung versichert sind, hat das für den Bauherrn den Vorteil, daß im Schadensfall die oft langwierige Suche nach dem Verantwortlichen vermieden wird. Die bedingungsgemäß ermittelte Ersatzleistung wird an den Bauherrn ausgezahlt, so daß die Schadensbeseitigung und die Fortführung der Arbeiten nicht verzögert werden. In der Praxis hat es sich durchgesetzt, Bauherren-Haftpflicht- und Bauleistungsversicherung zusammen abzuschließen. Mit einer Selbstbeteiligung ist das nicht teuer.

Haus- und Grundbesitzer-Haftpflichtversicherung

Eine solche Versicherung brauchen Sie nicht, wenn Sie selbst Ihr Einfamilienhaus ausschließlich zu Wohnzwecken nutzen und nicht mehr als bis zu drei Räume einzeln zu Wohnzwecken vermietet haben; dann ist das Haftpflichtrisiko in der Privat-Haftpflichtversicherung mitversichert. Wenn allerdings das Hausanwesen darüber hinausgehend ganz oder teilweise vermietet oder gewerblich oder beruflich (mit)genutzt wird, so ist eine zusätzliche Haftpflichtversicherung nötig.
Bei der Haus- und Grundstücks-Haftpflichtversicherung sind Sie als Hausbesitzer geschützt, wenn Sie wegen unzureichender Beachtung folgender Pflichten belangt werden:

- Der Verkehrssicherungspflicht – z.B. durch nicht ausreichendes Streuen bei Schnee- und Eisglätte, mangelhafte Beleuchtung und ähnliches.
- Der Instandhaltungspflicht – z.B. wenn Dachziegel oder Verputzstücke herabfallen und dadurch vor oder im Haus Personen verletzt oder fremde Sachen beschädigt werden.

Mitversichert ist die gesetzliche Haftpflicht für Schäden durch auslaufendes Leitungs- oder Heizungswasser sowie Schäden durch Abwasser, die im Haus entstehen können.

Privat-Haftpflichtversicherung

Sie bietet Versicherungsschutz für die Haftpflicht-Risiken aus dem privaten Bereich, z.B. für die Teilnahme am öffentlichen Straßenverkehr, für die Ausübung von Sport oder als Inhaber einer Wohnung oder eines selbstbewohnten Einfamilienhauses.

Mitversichert ist bei der Familien-Privat-Haftpflichtversicherung die gleichartige gesetzliche Haftpflicht des Ehepartners und der unverheirateten Kinder, bei volljährigen nur, soweit sie sich noch in einer ununterbrochenen Schul- oder hieran unmittelbar anschließenden beruflichen Erstausbildung befinden.

Abweichend von den »Allgemeinen Versicherungsbedingungen« sind auch Mietsachschäden und Abwasserschäden mitversichert, außerdem Schadensereignisse im

Ausland bei vorübergehendem zeitlich befristeten Auslandsaufenthalt. Immobilienbesitz im Ausland ist jedoch immer gesondert zu versichern.

Gewässerschaden-Haftpflicht
Wenn Sie vorhaben, Ihr Haus mit Öl zu heizen, oder wenn Sie es bereits tun, dann lagern in Ihrem Keller oder auf Ihrem Grundstück zwischen 100 und 10 000 Liter Heizöl, vielleicht auch mehr. Der Gesetzgeber hat dem Inhaber von Öltanks eine strenge Haftung auferlegt:

Verursacht er einen Gewässerschaden oder eine Verunreinigung des Grundwassers, so ist er auch haftbar, wenn ihn kein Verschulden trifft. Es zeigt sich immer wieder, daß auch umfangreiche Sicherheitsmaßnahmen keine Garantie vor solchen Ölschäden bieten. Die hauptsächlichen Schadensursachen:
- Undichte Tanks oder Ölwannen.
- Materialfehler der Leitungen und des Zubehörs.
- Mängel bei Montage, Wartung oder Reparatur.
- Nachlässigkeit bei der Befüllung.

Auch wenn ein anderer verantwortlich ist, haftet der Inhaber eines Öltanks in unbegrenzter Höhe. Sie sollten also eine entsprechende Versicherung abschließen; üblicherweise kann sie Ihnen als Zusatz zu Ihrer normalen Privat- oder Haus-Haftpflichtversicherung angeboten werden.

Foto: SchwörerHaus, Hohenstein

Verbundene Wohngebäudeversicherung
Diese Versicherungsart umfaßt Schäden durch **Feuer, Leitungswasser, Sturm** und **Hagel:**
- Schäden, die als Folge eines Versicherungsfalles entstehen (z.B. durch Rauch oder Ruß, oder wenn Regen durch das vom Sturm beschädigte Dach eindringt).
- Schäden durch das Abhandenkommen versicherter Sachen im Versicherungsfall.
- Kosten, die aufgewendet werden müssen, um einen Schaden möglichst gering zu halten – auch wenn die Bemühungen erfolglos sind.
- Mehrkosten infolge Preissteigerungen sowie
- der Ersatz des Mietwertes von vermieteten oder eigengenutzten Wohnräumen in einem Zeitraum von 12 Monaten.

Ihre Wohngebäudeversicherung wird in der Regel als gleitende Neuwertversicherung abgeschlossen. Dies hat für Sie den Vorteil, daß sich die Versicherung automatisch der Baupreisentwicklung anpaßt und so eine Unterversicherung vermieden wird. Grundlage dieser Versicherungsform ist die Versicherungssumme 1914, die dem Neubauwert des Gebäudes in Preisen des Jahres 1914

Versicherungen

entsprechen soll. Ist die Versicherungssumme 1914 richtig ermittelt, haben Sie ausreichenden Versicherungsschutz. Wenn die Ermittlung nach einer von der Allianz angebotenen Methode erfolgt, wird Ihnen jeder Schaden im Rahmen des Vertrages voll ersetzt. Die Versicherung gegen Schäden durch Leitungswasser sowie Sturm und Hagel beginnt erst mit Bezugsfertigkeit des Hauses.

Die **Feuerversicherung** bezieht sich auf Schäden durch Brand, Blitzschlag, Explosion, Anprall/Absturz von Luftfahrzeugen sowie auf Schäden durch Löschen, Niederreißen und Ausräumen.

Die häufigsten Schadensursachen sind: Kurzschluß, unkontrollierte Feuer-, Licht- und Wärmequellen, Brandstiftung und Leichtsinn.

Nicht versichert sind Sengschäden, außer wenn sie durch Brand, Blitzschlag oder Explosion entstanden sind.

Die **Leitungswasserversicherung** bezieht sich auf:
- Schäden durch bestimmungswidrig austretendes Leitungswasser (z.B. Undichtwerden der Leitungsrohre oder Zerreißen der Verbindungsstücke), auch aus den mit dem Rohrsystem verbundenen sonstigen Einrichtungen oder Schläuchen der Wasserversorgung und aus Anlagen der Warmwasser- und Dampfheizung, aus Einrichtungen von Klima-, Wärmepumpen- oder Solarheizungsanlagen, außerdem auf Schäden durch das Überlaufen, z.B. von Badewanne oder Waschbecken.
- Bruch- und Frostschäden an Rohrleitungen im Gebäude sowie Schäden an Wasserzuleitungs- und Heizungsrohren außerhalb des Gebäudes, aber innerhalb des Versicherungsgrundstücks.
- Frostschäden an Badeeinrichtungen, Waschbecken, Spülklosetts, Wasserhähnen und Wasserzählern an Heizkörpern, Heizkesseln, Boilern und Durchlauferhitzern.

Die häufigsten Schadensursachen sind Rohrbruch durch Frost, Korrosion und Materialfehler, defekte Rohrverbindungen und -verschraubungen; das Platzen von Zuleitungsschläuchen, mangelhafte Installationen sowie plötzlicher Überdruck und menschliches Versagen.

Nicht versichert sind Schäden durch Plansch- und Reinigungswasser sowie Rückstau von Wasser aus Rohren der öffentlichen Abwasserkanalisation, Erdsenkung, Erdrutsch und Schwamm.

Die **Sturm- und Hagelversicherung** bezieht sich auf Schäden, die durch die unmittelbare Einwirkung des Sturmes oder des Hagels entstehen oder dadurch her-

Foto: DAVINCI Haus, Elben

Versicherungen

vorgerufen werden, daß der Sturm Gebäudebestandteile, Bäume oder andere Gegenstände auf die versicherte Sache wirft.

Als Sturm gilt dabei eine wetterbedingte Luftbewegung von mindestens Windstärke 8.

Nicht versichert sind Schäden, die durch Sturmflut oder Lawinen entstehen oder dadurch, daß Nässe oder Schmutz in nicht durch Sturm oder Hagel entstandene Gebäudeöffnungen eindringen.

In die **Verbundene Wohngebäudeversicherung** sind in der Feuer-, Leitungswasser-, Sturm- und Hagelversicherung ohne Beitragserhöhung in der **Kompakt-Deckung** eingeschlossen:

- Aufräumungs-, Abbruch-, Bewegungs- und Schutzkosten bis zu 5% der Versicherungssumme.
- Mehrkosten infolge behördlicher Auflagen bis zu 5% der Versicherungssumme.
- Sonstige Grundstücksbestandteile – als solche gelten ausschließlich
  Einfriedungen, Hof- und Gehsteigbefestigungen, elektrische Freileitungen, Ständer, Masten, Hundezwinger, Müllbehälterboxen, Antennen auf dem Grundstück, Beleuchtungsanlagen, Briefkastenanlagen, Wohnterrassen, Überdachungen, Pergolen und Carports, und zwar bis zu einer Entschädigungsgrenze von 0,3% der Versicherungssumme.
- Rückreisekosten aus dem Urlaub bis zu 1 % der Versicherungssumme.

Speziell eingeschlossen sind in der **Feuerversicherung**:
- Schäden während der Zeit des Rohbaus bis zur bezugsfertigen Herstellung längstens für 12 Monate; dabei sind die Gebäude und die zur Errichtung des Gebäudes notwendigen, auf dem Baugrundstück befindlichen Baustoffe versichert.
- Schäden, die durch Nutzwärme entstehen; dieser Einschluß bezieht sich auf versicherte Sachen, die bestimmungsgemäß einem Nutzfeuer oder der Wärme ausgesetzt sind.
- Überspannungsschäden durch Gewitter bis zu 3% der Versicherungssumme.

In der **Leitungswasserversicherung**:
- Frost- und sonstige Bruchschäden außerhalb versicherter Gebäude auf dem Versicherungsgrundstück an Wasserzuleitungs- und Heizungsrohren, die nicht der Versorgung versicherter Gebäude oder Anlagen dienen, sowie an Abwasserleitungsrohren, die der Entsorgung versicherter Gebäude oder Anlagen dienen;

Foto: Hansa, Stuttgart

Versicherungen

außerhalb des Versicherungsgrundstücks Frost- und sonstige Bruchschäden an Wasserzuleitungs- und Heizungsrohren der Wasserversorgung sowie an Abwasserleitungsrohren, soweit diese der Ver- und Entsorgung versicherter Gebäude oder Anlagen dienen und der Versicherungsnehmer dafür die Gefahr trägt. Die Entschädigungsgrenze beträgt 0,3% der Versicherungssumme.
- Austausch von Wasserhähnen, Geruchsverschlüssen und Wassermessern (Armaturen) nach einem Rohrbruchschaden, und zwar bis zu 200 DM.

Zusätzlich können noch folgende Einschlüsse gegen Beitragszuschlag eingeschlossen werden:
- Schäden durch Wasser aus Aquarien oder Wasserbetten.
- Wasserverlust infolge eines Rohrbruchschadens; hier werden Kosten ersetzt, die dadurch entstehen, daß nach einem Rohrbruchschaden Leitungswasser austritt und der dadurch verursachte Mehrverbrauch in Rechnung gestellt wird.
- Aufräumungskosten für Bäume; versichert ist das Entfernen durch Sturm umgestürzter Bäume vom Versicherungsgrundstück.

Bei Bedarf können die genannten Grenzen erhöht werden und auch weitere Einschlüsse vereinbart werden, z.B.:
- Gebäudebeschädigungen bei Mehrfamilienhäusern, die dadurch entstehen, daß ein unbefugter Dritter in das Gebäude einbricht oder eindringt.
- Schäden durch weitere Elementargefahren wie Überschwemmung, Erdbeben, Erdsenkung, Erdrutsch, Schneedruck und Lawinen.

Die Verbundene Wohngebäudeversicherung können Sie für alle drei Gefahren oder nur für die einzelnen Gefahren abschließen. Neben der Kompakt-Deckung besteht auch noch die Möglichkeit, die preiswerte Basis-Deckung (die Entschädigungsgrenzen sind hier nicht veränderbar) oder die umfassende Optimal-Deckung mit unbegrenztem Versicherungsschutz zu vereinbaren. Informationen und eingehende Fachberatung bekommen Sie bei Ihrem Fachberater.

Dynamische Hausratversicherung:
Diese Versicherungsart bietet finanziellen Schutz bei Schadensfällen am Hausrat durch Feuer, Einbruchdiebstahl und Raub, Leitungswasser, Sturm und Hagel. Die Gefahren Feuer, Leitungswasser, Sturm und Hagel sind bereits bei der Verbundenen Wohngebäudeversicherung beschrieben.
Grundsätzlich bietet die Allianz drei Deckungskonzepte für die Hausratversicherung. Die hier beschriebene Kompakt-Deckung bietet einen umfassenden Versicherungsschutz. Mitversichert sind auch Rückreisekosten aus dem Urlaub bei einem erheblichen Versicherungsfall.

Durch besondere Vereinbarung können Fahrrad-Diebstahlschäden, Überspannungsschäden durch Gewitter an elektrischen Geräten, Diebstahlschäden im Urlaub oder aus dem Auto, ein erweiterter Versicherungsschutz für Schmucksachen/Pelze oder Fotoapparate/Videokameras, weitere Elementarschäden wie z.B. Überschwemmung und Erdbeben und ein Selbstbehalt eingeschlossen werden.

Foto: KEWO, Schleiden

Versicherungen

Es besteht auch die Möglichkeit, eine Deckung für besondere Ansprüche zu einem höheren Preis oder eine einfache Grundabsicherung zu einem niedrigen Preis zu wählen.

Die Einbruchdiebstahl- und Raubversicherung bezieht sich auf folgende Schäden:
- Einbruchdiebstahl.
- Beraubung zu Hause und unterwegs.
- Vandalismus nach einem Einbruch.

Einbruchdiebstahl liegt vor:
- Wenn ein Dieb sich unrechtmäßig Zutritt verschafft, indem er einbricht, einsteigt, falsche Schlüssel oder andere Werkzeuge benutzt oder sich einschleicht.
- Wenn ein Dieb mittels richtiger Schlüssel eindringt, die er durch Einbruchdiebstahl, Raub oder einfachen Diebstahl entwendet und an sich gebracht hat.
- Wenn ein Dieb in einem Raum eines Gebäudes Behältnisse aufbricht.

Raub liegt vor:
- Wenn dem Versicherungsnehmer oder seinen Angehörigen Sachen durch Anwendung oder Androhung von Gewalt weggenommen werden.
- Oder Ihre Widerstandskraft unverschuldeterweise ausgeschaltet war.

Vandalismus liegt vor:
- Wenn der Täter bei einem Einbruch versicherte Sachen vorsätzlich zerstört oder beschädigt.

Mit eingeschlossen ist
- der Ersatz der durch Einbruch, Raub oder Vandalismus entstandenen Gebäudebeschädigungen.

Versichert sind Schäden durch **Fahrraddiebstahl** (sofern vereinbart), wenn das Fahrrad durch ein Schloß gesichert war und
- der Diebstahl zwischen 6 Uhr und 22 Uhr verübt wurde,
- oder außerhalb dieser Zeit, wenn das Fahrrad noch benutzt werden sollte, also zur Zeit des Diebstahls nur vorübergehend abgestellt war, oder sich in einem gemeinschaftlichen Fahrradabstellraum befand.

Die Versicherung von Gebäude- und Mobiliarverglasungen gegen Bruchschäden ist im Rahmen der Glasversicherung möglich.

Die **Dynamische Hausratversicherung** bezieht sich auf den gesamten Hausrat in der Wohnung bzw. im Haus. Zum Hausrat gehören folgende Gegenstände:
- Die Einrichtung – z.B. Möbel, Teppiche, Bilder und Vorhänge.
- Die Gebrauchsgegenstände – z.B. Haushaltsgeräte, Wäsche, Kleidung und Bücher.
- Die Gegenstände zum Verbrauch, beispielsweise Nahrungs- und Genußmittel, Heizöl und Kohlen.

Ferner werden als zum Hausrat gehörig z.B. noch eingestuft:
- Bargeld, Urkunden, Wertpapiere, Sparbücher, Sammlungen und Wertgegenstände, Campingausrüstungen sowie in der Wohnung befindliches Kraftfahrzeugzubehör.

Ohne Beitragserhöhung mitversichert sind außerdem:
- Rundfunk- und Fernsehantennenanlagen sowie Markisen, wenn sie nicht mehreren Wohnungen oder gewerblichen Zwecken dienen.
- Kanus, Ruder-, Falt- und Schlauchboote, Surfgeräte und Flugdrachen einschließlich ihrer Motoren.
- Arbeitsgeräte und Einrichtungsgegenstände, die dem Beruf oder dem Gewerbe dienen.
- Motorgetriebene Krankenfahrstühle, Rasenmäher, Go-Karts und Spielfahrzeuge.

Zum Hausrat gehörende Sachen sind auch versichert, wenn sie fremdes Eigentum sind. Eine Ausnahme bildet das Eigentum der Untermieter.

Für Wertsachen einschließlich Bargeld gelten gewisse Entschädigungsgrenzen.

Als **Wertsachen** gelten:
- Bargeld.
- Urkunden, Sparbücher und sonstige Wertpapiere.
- Schmucksachen, Edelsteine, Perlen, Briefmarken, Münzen und Medaillen sowie alle Sachen aus Gold und Platin.

Versicherungen

- Pelze, handgeknüpfte Teppiche und Gobelins, Kunstgegenstände (z.B. Gemälde, Collagen, Zeichnungen, Grafiken und Plastiken) sowie Sachen aus Silber.
- Sonstige Sachen, die über 100 Jahre alt sind, jedoch mit Ausnahme von Möbelstücken.

Ihr Hausrat ist in der Wohnung versichert, die im Versicherungsschein angegeben ist. Zur Wohnung gehören auch Räume in Nebengebäuden, die sich auf demselben Grundstück wie die Wohnung befinden, nicht aber Räume, die nur beruflich oder gewerblich genutzt werden.

Die Dynamische Hausratversicherung wird als **Neuwertversicherung** abgeschlossen. Dabei wird der Hausrat grundsätzlich zum Wiederbeschaffungspreis von Sachen gleicher Art und Güte in neuwertigem Zustand, d.h. zum Neuwert versichert.

Falls Sachen für ihren Zweck im Haushalt nicht mehr zu verwenden sind, ist der Versicherungswert der erzielbare Verkaufspreis. Die Versicherungssumme soll dem Versicherungswert des gesamten Hausrats entsprechen. Übersteigt der Versicherungswert die Versicherungssumme, liegt Unterversicherung vor, und der Schaden wird nur anteilmäßig ersetzt.

Einen Abzug wegen Unterversicherung können Sie vermeiden, wenn Sie pro Quadratmeter Wohnfläche eine Versicherungssumme von mindestens 1200 DM vereinbaren. Jeder Schaden wird dann bis zur Höhe der Versicherungssumme voll ersetzt. Eine entsprechend höhere Versicherungssumme muß dann vereinbart werden, wenn Sie teurer eingerichtet sind. Wie der Begriff »teuer« zu interpretieren ist, fragen Sie am besten Ihren Versicherungsfachmann.

Zur Anpassung an Wertänderungen des Hausrats erhöht oder vermindert sich die Versicherungssumme entsprechend der Preisentwicklung, die vom Statistischen Bundesamt ermittelt wird. Zusätzlich wird noch eine kostenfreie Vorsorgeversicherung von 10 Prozent der Versicherungssumme gewährt. Im Rahmen eines versicherten Schadenereignisses werden auch Kosten ersetzt:

- Für das Auf- und Wegräumen versicherter Sachen.
- Die entstehen, weil zur Wiederherstellung oder Wiederbeschaffung versicherter Sachen andere Sachen bewegt oder geschützt werden müssen.
- Für Transport und Lagerung des versicherten Hausrats, wenn die Wohnung anläßlich eines Versicherungsfalles unbenutzbar wird – die Kosten werden für längstens 100 Tage übernommen.
- Die aufgewendet werden müssen, um einen Schaden mög-

Foto: Interpane, Lauenförde

lichst gering zu halten – auch wenn die Bemühungen unvorhergesehenerweise erfolglos geblieben sind.
- Für Schloßänderungen, wenn Wohnungstürschlüssel anläßlich eines Versicherungsfalles abhanden gekommen sind.
- Für Hotel oder ähnliche Unterbringung ohne Nebenkosten (z.B. Frühstück, Telefon) der versicherten Personen, wenn die Wohnung anläßlich eines Versicherungsfalles unbewohnbar wird – die Kosten sind pro Tag auf 1% der Versicherungssumme begrenzt und werden für längstens 100 Tage übernommen.

Glasversicherung
Die Verglasungen Ihrer Wohnung oder Ihres Einfamilienhauses sind über Ihre Hausratversicherung nicht gegen Glasbruch versichert – hierfür brauchen Sie eine separate Glasversicherung. Diese Versicherungsart umfaßt alle Schäden durch Zerbrechen, unabhängig von der Schadensursache. Nicht versichert sind Oberflächenbeschädigungen (z.B. Schrammen); Schäden an Hohlgläsern, Handspiegeln, optischen Gläsern und Beleuchtungskörpern; Undichtwerden von Isolierverglasungen, erkennbar an Feuchtigkeitsfilmen oder Staubablagerungen an den Scheibeninnenseiten.

Die häufigsten Schadensursachen für einen Glasbruch sind Unvorsichtigkeit und Fahrlässigkeit; Mutwillen dritter Personen, spielende Kinder; Unwetter, Sturm, Hagel; Einbruch; technische Mängel, z.B. nicht fachgerechter Einbau.
Die Glasversicherung für Wohnungen und Einfamilienhäuser bezieht sich auf die Gebäude- und Mobiliarverglasungen. Das sind:
- Glas- und Kunststoffscheiben von Fenstern, Türen, Balkonen, Terrassen, Wänden, Wintergärten, Veranden, Loggien, Wetterschutzvorbauten, Dächern, Brüstungen, Duschkabinen, Sonnenkollektoren (nicht Solarzellen).
- Lichtkuppeln (auch aus Kunststoff).
- Glassteine; Profilbaugläser.
- Glasscheiben von Bildern, Schränken, Vitrinen, Stand-, Wand- und Schrankspiegeln.
- Glasplatten.
- Glasscheiben, Sichtfenster an Öfen, Elektro- und Gasgeräten.

Für künstlerisch bearbeitete Glasscheiben, -spiegel und -platten besteht eine Entschädigungsgrenze, die bei Bedarf erhöht werden kann.
Das gleiche gilt bei Sonderkosten, nämlich für Gerüste, Kräne und Beseitigung von Hindernissen. Die Versicherung von Glaskeramik-Kochflächen, Aquarien/Terrarien kann vereinbart werden.

Die Glasversicherung leistet »Naturalersatz«. Ersatzpflichtige Schäden werden in natura durch Liefern und Einsetzen von Gegenständen gleicher Art und Güte reguliert, d.h. der Versicherer erteilt den Reparaturauftrag. Er rechnet auch direkt mit der Glaserei ab. Der Versicherer übernimmt auch die Kosten einer eventuell erforderlichen Notverglasung, wenn das zerbrochene Objekt nicht sofort ersetzt werden kann (z.B. bei zeitaufwendigen Einzelanfertigungen von Sicherheits- und Mehrscheiben-Isolierglas).

Der Kunde ist berechtigt, zerbrochene Fenster- und Türscheiben selbst ersetzen zu lassen, sofern es sich nicht um Mehrscheibenisolierglas handelt.

Für Mehrfamilienhäuser gibt es die Glasversicherung für Mehrfamilienhäuser. Versichert werden hier Gebäudeverglasungen, und zwar die aus Glas und Kunststoff bestehenden Außen-, Innenscheiben, Lichtkuppeln und Scheiben von Sonnenkollektoren (nicht Solarzellen), Glassteine und Profilbaugläser.
Der Versicherungsschutz kann begrenzt werden auf die dem allgemeinen Gebrauch dienenden Verglasungen, wenn die anderen Verglasungen bereits über die Mieter versichert sind.

Schon während der Bauphase kann eine Glasversicherung abgeschlossen werden. In dieser Zeit werden alle Scheiben, die nach der Montage auf der Baustelle zu Bruch gehen, ersetzt – und das beitragsfrei, bis das Haus bezugsfertig ist.

Bauvorbereitung

Bauleistungen sind überprüfbar

So können Sie kontrollieren, überwachen und eingreifen

1. Vorbereitung, Hilfsmittel und Grundsätze

Die wichtigsten **Anschaffungen** für den angehenden Bauherrn sind Meterstab und Maßband, Taschenrechner (am besten mit Drucker), eine Sofortbild-Kamera mit integriertem Blitz und das Kontrollbuch für den Bauherrn mit einem Bautagebuch.

Das Kontrollbuch brauchen Sie unbedingt! Fangen Sie möglichst früh an – schon vor dem ersten Spatenstich – und notieren Sie alles, was Ihnen auffällt, was geändert werden sollte, was sich seit Ihrem letzten Besuch auf der Baustelle geändert hat, Beanstandungen, Mängel, Feststellungen und Reklamationen Ihrerseits und wem gegenüber Sie sie geäußert haben, Wünsche, Anregungen, kurz: alles, was mit dem Bau zusammenhängt. Halten Sie das Kontrollbuch immer griffbereit.

Übertragen Sie alle auf der Baustelle zu erfüllenden Terminvereinbarungen unter dem jeweiligen Datum in Ihr Kontrollbuch; es erleichtert die Terminkontrolle.

Den Zollstock und das Maßband brauchen Sie zum einen, um damit abzumessen, was aus dem Ideal (der Bauzeichnung) in der Wirklichkeit (der Bauausführung) geworden ist. Wenn Sie aus Kostengründen z. B. möglichst viele Normteile beim Bau verwenden lassen wollen, dürfen bei der Erstellung der nicht genormten Teile keine großen Toleranzen hingenommen werden; denn was nützt Ihnen z. B. Ihr Normfenster, wenn der Maurer aus Unachtsamkeit die Öffnung nicht ganz passend gemacht hat. Natürlich haben Sie Regreßanspruch bei Pfusch, zunächst aber haben Sie Ärger, Zeitverlust und Mehrkosten.

Die zweite wichtige Funktion erfüllen Zollstock und Maßband als Maßorientierung auf den Fotos Ihrer Sofortbild-Kamera. Fotos gehören in Ihr Bautagebuch. Sie haben dokumentarischen Wert, wenn Sie gleich nach der Aufnahme mit einem geeigneten, dokumentenechten Schreibwerkzeug Datum, Uhrzeit, Ort und gegebenenfalls zusätzliche Stichworte eintragen.

Einen Hausbau ohne Mängel gibt es in der Regel nicht; je genauer Sie dokumentieren, desto besser sind Ihre Chancen auf Mängelbehebung und eventuellen Regreßanspruch. Was Sie durch die fotografische Dokumentation vielleicht an Kosten sparen können, beträgt ein Vielfaches vom Anschaffungspreis. Da Sie auch gerade häufig schlecht beleuchtete Gegenstände und Schäden aufnehmen müssen, ist das integrierte Blitzlicht besonders praktisch und läßt alles in »besserem Licht« erscheinen.

Machen Sie Fotos, die den genauen Verlauf der Versorgungsleitungen festhalten. Hierbei ist Ihr Zollstock eine besondere Hilfe,

stellen Sie ihn ins Bild, damit Sie später genau nachmessen können, wo Sie möglichst nicht Dübellöcher bohren sollten.
Beherzigen Sie immer die folgenden **Grundsätze**:
- Verbringen Sie jede freie Minute auf Ihrer Baustelle, möglichst mehrmals täglich, und nehmen Sie immer Ihr Kontrollbuch mit, damit Sie den Bauleistungsstand auch schriftlich festhalten können.
- Messen Sie immer wieder alles nach, was meßbar ist, benutzen Sie Ihren Zollstock, leihen Sie Wasserwaagen aus.
- Fotografieren Sie alles, was Ihnen wichtig ist, nicht nur, wenn Sie meinen, etwas sei nicht in Ordnung, und machen Sie diese Fotos durch Beschriftung – auch Ihre Unterschrift sollte nicht fehlen – zu beweiskräftigen Dokumenten.
- Notieren Sie alles, was Ihnen aufgefallen ist, und machen Sie über Gespräche, die Sie auf dem Bau geführt haben, Gedächtnisprotokolle; fertigen Sie gegebenenfalls Aktennotizen für Ihre Ablage an.

2. Ihre Partner am Bau

Für eilige Rückfragen, Anfragen und Reklamationen sowie für telefonische Verständigungen brauchen Sie eine Liste, die alle Angaben über ihre wichtigsten Partner am Bau enthält. Das sind: Ihr **Architekt**, der **Bauleiter**, die verschiedenen **Lieferanten**, die Handwerksbetriebe sowie die zuständigen **Behörden** und **Ämter**.

Der **Architekt** verfaßt den Bauentwurf und ist für die Durchführung des ganzen Vorhabens zuständig. Nach dem BGB-Vertragsrecht endet seine Haftung 5 Jahre nach der Bauabnahme. Wenn Sie sich mit einem Architekten auf die Ausarbeitung eines »unverbindlichen Vorentwurfs« einigen, heißt das nicht, daß Sie den Entwurf nun nicht abnehmen, also auch nicht bezahlen müssen. »Unverbindlich« bedeutet hier lediglich, daß Sie auch andere Architekten beauftragen können und daß auch der Architekt sich nicht verpflichtet, tatsächlich Ihr Partner zu werden.

Die drei wesentlichen Merkmale des Architektenberufs sind: **Planen, Leiten** und **Beaufsichtigen**. Ein vollständiger Architektenauftrag enthält in der Regel folgende neun Posten, die jeweils auch als Einzelleistung vereinbart werden können:

- **1. Grundlagenermittlung** – Ermitteln der Voraussetzungen zur Lösung der Bauaufgabe durch die Planung; Honoraranteil 3%.
- **2. Vorplanung** (Projekt- und Planungsvorbereitung) – Erarbeiten der wesentlichen Teile einer Lösung der Planungsaufgabe; Honoraranteil 7%.
- **3. Entwurfsplanung** (System- und Integrationsplanung) – Erarbeiten der endgültigen Lösung der Planungsaufgabe; Honoraranteil 11%.
- **4. Genehmigungsplanung** – Erarbeiten und Einreichen der Vorlagen für die erforderlichen Genehmigungen oder Zustimmungen; Honoraranteil 6%.
- **5. Ausführungsplanung** – Erarbeiten und Darstellen der ausführungsreifen Planungslösung; Honoraranteil 25%.
- **6. Vorbereitung der Vergabe** – Ermitteln der Massen und Aufstellen von Leistungsverzeichnissen; Honoraranteil 10%.
- **7. Mitwirkung bei der Vergabe** – Ermitteln der Kosten und Mitwirkung bei der Auftragsvergabe; Honoraranteil 4%.
- **8. Objektüberwachung** (Bauüberwachung) – überwachende Ausführung des Objekts; Honoraranteil 31%.
- **9. Objektbetreuung und Dokumentation** – Überwachen der Beseitigung von Mängeln innerhalb der Gewährleistungsfristen und Dokumentation des Gesamtergebnisses; Honoraranteil 3%.

Der **Bauunternehmer**, Ihr zweiter wichtiger Partner, ist für eine »den anerkannten Regeln der Baukunst« und der Baugenehmigung entsprechende Ausführung Ihres Projekts verantwortlich. Überdies haftet er für die Sicherheit der auf der Baustelle Arbeitenden, und er

Planungsvorbereitung

Prüflisten für den Kauf gebrauchter Häuser und Wohnungen

von Georg Kohlrausch
184 Seiten, Plastikordner
68,– DM, zzgl. Versand

Die Prüfliste **Immobilien aus zweiter Hand** gibt konkrete Antworten auf alle Fragen und sorgt mit vielen Checklist–Punkten dafür, daß nichts übersehen oder vergessen wird. Sie ist der kompetente Ratgeber:

- Für das Aufspüren geeigneter Objekte und über das Abstecken des Finanzrahmens.
- Für die Bausubstanzprüfung auf »Herz und Nieren« und strategische Preisverhandlungen bis zum notariell beurkundeten Kaufvertrag.
- Mit Glossar über die wichtigsten Fachbegriffe.

Mit dieser Prüfliste kann jeder Immobilienkäufer schneller, leichter und preisgünstiger zum individuell optimalen Objekt kommen.

ist verpflichtet, alle Nachweise über die Brauchbarkeit der verwendeten Baustoffe zu führen. Es ist auch möglich, die gesamte Bauausführung einem Generalunternehmer zu übertragen.

Die andere Möglichkeit ist, alle in sich abgeschlossenen Arbeiten am Bau – mit anderen Worten alle »Gewerke«, – einzeln zu vergeben. In der Regel wird jedoch zumindest der Rohbauabschnitt **einem** Unternehmer übertragen. Der **Bauleiter** hat dafür zu sorgen, daß auf der Baustelle alles reibungslos abläuft. Insbesondere müssen die Arbeiten verschiedener Unternehmer so untereinander räumlich und zeitlich abgestimmt werden, daß sie sich keinesfalls gegenseitig beeinträchtigen oder gar noch Dritte gefährden.

Bei der **Kreisverwaltung bzw. Stadtverwaltung** ist spätestens eine Woche vor Baubeginn die Baubeginnanzeige einzureichen. Gleichfalls vor Baubeginn, aber nach Schnurgerüst-Errichtung, muß sofort die Grundfläche und Höhenlage des geplanten Gebäudes durch die Behörde abgenommen werden. In kitzligen Fällen, wie z. B. bei genau einzuhaltenden Abstandsflächen oder bei Hanglagen, kann ein amtlicher Nachweis verlangt werden, ob die Festsetzungen der genehmigten Baupläne eingehalten wurden.

Selbstverständlich muß ein Antrag etwa auf Beseitigung geschützter Bäume rechtzeitig vor Baubeginn eingereicht sein.

Das **Amt für öffentliche Ordnung** müssen Sie einschalten, wenn zur Errichtung von Lagerplätzen, zur Abgrenzung von Gerüststellflächen und zur Anlage von Hausversorgungsanschlüssen vorübergehend öffentliche Verkehrsflächen gesperrt werden müssen; einen entsprechenden Antrag kann auch der jeweilige Bauunternehmer einreichen.

Beim **Wasserwerk** ist zunächst ein Antrag auf Bauwasseranschluß mit Zähler zu stellen; später muß dann ein Antrag auf Hauswasseranschluß mit fester Zählermontage folgen.

Beim **Elektrizitätswerk** sind parallel zu den Wasseranschlüssen jeweils die Stromanschlüsse zu beantragen.

Sofern Sie planen, später Gas zu benutzen, muß ein entsprechender Antrag auch ans **Gaswerk** abgehen.

Beim **Stadtentwässerungsamt** bzw. beim **Abwasserzweckverband** muß z. B. der Abwasserkanalanschluß beantragt werden sowie die Abnahme der Grundleitungen.

Der **Bezirks-Kaminkehrermeister** ist zuständig einmal für die Rohbauabnahme und dann für die Schlußabnahme der Kamine.

Der **Bauaufsichtsbehörde** obliegt die Rohbau- und die Schlußabnahme des Gebäudes.

Auftragsvergabe

Das **Vermessungs- und Katasteramt** muß eingeschaltet werden, wenn Grenzmarkierungen wieder hergestellt werden müssen. Für weitergehende Fragen steht Ihnen jeder öffentlich bestellte Vermessungsingenieur gern als Berater zur Verfügung.

Beim **Fernmeldeamt** müssen Sie einen Antrag auf Telefonanschluß einreichen.

Wichtig bei den **Abnahmeterminen** ist, daß Sie einen entsprechenden Antrag unverzüglich, spätestens aber eine Woche nach Fertigstellung der jeweils abzunehmenden Sache stellen.

3. Prüfliste Auftragsvergabe

Die Kernfrage bei der **Auftragsvergabe** an Handwerksfirmen ist, ob Sie nach **BGB** oder nach **VOB** verfahren wollen. Ihr Architekt, der ja im allgemeinen die Aufträge vorbereitet, wird Sie vermutlich gleich zu Anfang Ihrer Zusammenarbeit fragen, wie er verfahren soll. Bestehen Sie möglichst darauf, daß die Vorschriften des BGB Bestandteil der einzelnen Verträge werden. Wenn sie die VOB vereinbaren, sollten Sie folgendes wissen:

Die »**Verdingungsordnung für Bauleistungen**« (VOB) wurde 1925 geschaffen und wird seit 1947 vom »Deutschen Verdingungsausschuß für Bauleistungen« (DVA) betreut. Der gegenwärtig neueste Stand ist der von 1979. Sie wurde geschaffen, weil das Bürgerliche Gesetzbuch keine besonderen Vorschriften für Bauverträge enthält. So gibt es etwa für die wichtigen Schritte vor Abschluß des Bauvertrags – z. B. Aufstellung einer Leistungsbeschreibung, eines Leistungsverzeichnisses oder eines Leistungsprogramms im BGB überhaupt keine Bestimmungen.

- Die VOB behandelt diese Probleme in ihrem Teil **A**, in den »Allgemeinen Bestimmungen über die Vergabe von Bauleistungen«.

Foto: Interpane, Lauenförde

- **Teil B** behandelt die »Allgemeinen Vertragsbedingungen für die Ausführung von Bauleistungen«. Darin geht es im einzelnen um die Bauausführung, Modalitäten der Abrechnung, der Abnahme und der Gewährleistung, um Haftungsfragen, Schadenersatz, Fristen...
- **Teil C** enthält die »Allgemeinen Technischen Vorschriften«, das sind die im Bauhandwerk geltenden DIN-Normen.

Die VOB ist kein Gesetz und hat auch keine gesetzesähnliche Wirkung. Ihre Geltung muß in jedem Fall vereinbart werden, wobei nach den besonderen Anforderungen des jeweiligen Bauvorhabens gleichzeitig von ihr abweichende Einzelregelungen getroffen werden können. Wird in einem Handwerkervertrag nicht ausdrücklich auf die VOB hingewiesen, gilt automatisch das Werkvertragsrecht nach dem Bürgerlichen Gesetzbuch (BGB §§ 631 ff).

Der deutlichste Unterschied zwischen einem Handwerkervertrag nach VOB und einem nach BGB besteht in der Regelung der Gewährleistungsfristen (vgl. Kapitel VIII, 2). Gerade aber in diesem Punkt genügt (nach einem Urteil des Bundesgerichtshofs) nicht ein allgemeiner Hinweis auf die VOB, vielmehr müssen Sie den – im Vergleich zum BGB – kürzeren Gewährleistungsfristen nach VOB ausdrücklich zugestimmt haben. Wenn also in dem Handwerkervertrag einfach nur auf die VOB hingewiesen wird, von Gewährleistungsfrist oder Verjährung der Gewährleistungsfrist sonst aber nicht die Rede ist, gelten immer die gesetzlichen Fristen nach BGB § 638.

Teil C der VOB gilt übrigens in jedem Fall, auch wenn Sie einen BGB-Vertrag abschließen und darin die DIN-Normen des Bauhandwerks nicht ausdrücklich erwähnen. Denn die Einhaltung der DIN-Normen ist nach der gesamten Rechtsprechung die notwendige Voraussetzung der Vertragserfüllung.

Verträge nach VOB können nur über reine Bauleistungen abgeschlossen werden, also immer nur mit Bauhandwerkern, nicht aber z. B. mit einem Architekten. Auch bei Bauleistungen, die Architektenleistungen einschließen, kann es keine pauschalen VOB-Verträge geben. Das sollten Sie im Auge behalten, wenn Sie sich z. B. für ein Bauträger- oder Baubetreuungsobjekt interessieren. Solide Anbieter werden gar nicht erst versuchen, auf diesem zweifelhaften Weg verkürzte Gewährleistungsfristen herauszuschlagen.

Am einfachsten ist es in jedem Fall, gleich einen BGB-Vertrag abzuschließen, wobei es Ihnen unbenommen bleibt, sich an praxisbewährten Regelungen der VOB zu orientieren.

Diesen Punkten sollten Sie besondere Beachtung schenken, bevor Sie Aufträge vergeben:

- Die Ausschreibung sollte immer möglichst **detaillierte und ausführliche Angaben** zu der jeweils geforderten Leistung enthalten. Lassen Sie keine Interpretationsspielräume zu, die zu Ihren Lasten gehen können; halten Sie ständig Rücksprache mit Ihrem Architekten.
- Von Ihrem Verhandlungsgeschick hängt es ab, daß Sie **möglichst lange Gewährleistungsfristen** vertraglich zugesichert erhalten (5 Jahre nach BGB!).
- Vereinbaren Sie immer schriftlich **verbindliche Fristen** für den Beginn und die Beendigung der jeweiligen Arbeiten.

4. Die Terminkontrolle

Für eine effektive Terminkontrolle benötigen Sie zum einen Ihre Terminablage und zum anderen eine spezielle Planungs- und Kontrollunterlage. Da Ihr Architekt ohnehin einen Bauzeitenplan anlegt und dieser Plan auch die meisten Termine enthält, sollten Sie ihn um eine Kopie bitten.

Für die Einzelterminkontrollen ist die Prüfstelle das beste Instrument. Folgende Termine, kurz vor, während und nach der Bauzeit müssen außer den Baugewerken erfaßt sein:

- Baubeginnanzeige an die Kreisverwaltungsbehörde bzw. an die Stadtverwaltung.
- Benennung des verantwortlichen Bauleiters an dieselbe Behörde, wenn gefordert.
- Gegebenenfalls Antrag auf Beseitigung geschützter Bäume an dieselbe Behörde.
- Abnahme der Gebäudeabsteckung und der Höhenlage durch dieselbe Behörde.
- Vorübergehende Sperrungen öffentlicher Verkehrsflächen für Hausversorgungsanschlüsse, Anträge an das Amt für öffentliche Ordnung.
- Antrag auf Bauwasseranschluß mit Zähler an das Wasserwerk.
- Antrag auf Baustromanschluß mit Zählermontage an das Elektrizitätswerk.
- Antrag auf Abwasserkanalan-

Ausschreibung und Vertrag

schluß an das Amt für Stadtentwässerung bzw. den Abwasser-Zweckverband.
- Antrag auf Abnahme der Grundleitungen an dieselbe Behörde.
- Antrag auf Hauswasseranschluß mit Zählermontage an das Wasserwerk.
- Antrag auf Hausstromanschluß mit Zählermontage an das Elektrizitätswerk.
- Gegebenenfalls Antrag auf Montage des Gaszählers an das Gaswerk.
- Antrag auf Rohbauabnahme der Kamine an den Bezirks-Kaminkehrermeister.

- Antrag auf Schlußabnahme der Kamine ebenfalls an den Bezirks-Kaminkehrermeister.
- Antrag auf Rohbauabnahme des Gebäudes an die Bauaufsichtsbehörde.
- Antrag auf Gebrauchsabnahme an dieselbe Behörde.
- Antrag auf Schlußabnahme des Gebäudes an dieselbe Behörde.
- Wiederherstellung der Grenzmarkierungen durch das Vermessungsamt.
- Antrag auf Telefonanschluß durch das Fernmeldeamt.
- Wohnungskündigung an den Vermieter.

- Frühzeitige Mitteilung des Umzugstermines an die Möbelspedition, Freunde und Verwandte.
- Systematische, planvolle Organisation des Umzuges.

5. Arbeitsabforderung und Verzugssetzung

Der Unternehmer, dem Sie den Auftrag nach Ausschreibungsende erteilt haben, muß seine Arbeit termingerecht beginnen und dafür sorgen, daß sie auch termingerecht fertig wird. Sofern der Unternehmer also in seinen Angeboten nicht ausdrücklich eine Änderung vorschlägt, werden die Termine der Ausschreibung in den Werkvertrag übernommen. Sollten Sie aus irgendeinem Grund in der Ausschreibung und im Vertrag über den Beginn der Arbeit nichts gesagt haben, so muß der Unternehmer spätestens 12 Werktage nach einer schriftlichen Aufforderung durch Sie mit der Arbeit beginnen. Vereinbaren Sie in jedem Fall eine Baustellenbesichtigung vor Arbeitsbeginn und eine schriftliche Mitteilung des Unternehmers über von Ihnen – »bauseitig« – noch zu treffende Vorbereitungsmaßnahmen.

Der jeweilige Unternehmer muß Vorsorge treffen, daß die übernommenen Arbeiten fristgerecht ausgeführt werden können: Es müssen ausreichend qualifizierte Arbeitskräfte vorhanden sein so-

Foto: Osram, München

Erdarbeiten

wie einwandfreie Geräte, sonstige Hilfsmittel, Baustoffe, Bauteile:
- Überzeugen Sie sich von der Qualität der verwendeten Materialien gegebenenfalls durch Bitte um Vorlage eines amtlichen Prüfungszeugnisses.
- Achten Sie bei Ihren Aufenthalten auf der Baustelle darauf, daß das Gerät einwandfrei ist.
- Notieren Sie die Kolonnenstärke in Ihrem Bautagebuch.

Eventuelle Beanstandungen sollten Sie dem Auftragnehmer möglichst sofort schriftlich mitteilen; er ist dann verpflichtet, diese von Ihnen genannten Mißstände unverzüglich abzustellen.

Wenn nun der Auftragnehmer nicht termingerecht mit den Arbeiten beginnt oder nicht genügend qualifizierte Leute schickt, schlechte Materialien verwendet, schadhafte Geräte nicht ersetzt oder den Abschlußtermin nicht einhält, so haben Sie bei Aufrechterhaltung des Vertragszustandes zwei Möglichkeiten:
- Sie verlangen Schadenersatz, sofern aus den genannten Gründen ein Schaden entsteht.
- Sie setzen eine Frist zur Vertragserfüllung, verbunden mit der Ankündigung, Sie würden den Auftrag entziehen, falls diese Frist erfolglos ablaufe.

Im zweiten Fall »setzen« Sie den Auftragnehmer »in Verzug«. Eine solche »Verzugssetzung« ist Voraussetzung für eine eventuell erforderliche Vertragskündigung. Beim Bau haben Sie es mit vielen Auftragnehmern zu tun. Es wird deshalb vielleicht häufig zu Arbeitsabforderungen und Verzugssetzungen kommen. Sie erleichtern sich Ihren Schriftverkehr, wenn Sie Formbriefe verwenden.

6. Die Gewerkelisten

Sie sollten sich nun mit den Arbeitsabläufen der einzelnen Gewerke vertraut machen; denn es ist für Sie wichtig, daß Sie selbst jeweils kompetent kontrollieren können, ob auch wirklich das gemacht wird, was nötig ist. Die folgende Gewerkeliste wird Ihnen dabei helfen.

Erdarbeiten
- Bevor Sie Bagger auf Ihr Grundstück lassen, kontrollieren Sie, ob der eventuell vorhandene Humusboden entfernt und in der Menge, in der Sie ihn später brauchen, in der Nähe gelagert ist.
- Falls mit Grundwasser im Bereich der Baugrube zu rechnen ist, sind geeignete Maßnahmen zur Grundwasser-Haltung zu treffen.
- Achten Sie darauf, daß nicht nur Humus zum späteren Gebrauch gelagert wird, sondern

Foto: Hebel AG, Fürstenfeldbruck

Maurer- und Betonarbeiten

- auch Aushubmaterial für die Hinterfüllungsräume und die spätere Geländeplanierung.
- Schlechte Gründung führt zu späteren Baumängeln durch unnötige Risse im gesamten Baukörper; lassen Sie die Baugrubensohle auf alle Fälle durch Ihren Architekten begutachten.
- Falls die Grund- und Versorgungsleitungen bereits vor den Fundamentarbeiten verlegt wurden, prüfen Sie, ob diese Leitungen von der zuständigen Behörde abgenommen wurden. Machen Sie eine entsprechende Eintragung in Ihr Bautagebuch; denn wenn die Kellersohle hergestellt ist, sind diese Bauteile nicht mehr zugänglich.
- Achten Sie darauf, daß der Fundamenterder richtig eingelegt wird; er muß unterhalb der Isolierschicht als geschlossener Ring in das Fundament des Außenmauerwerks eingelegt werden. Sie können den Fundamenterder mit der Blitzschutzanlage verbinden, wenn er nach den allgemeinen Blitzschutzbestimmungen angelegt wurde.
- Lassen Sie nach der Fertigstellung des Fundaments die Höhe prüfen. Wenn diese nicht stimmt, ist auch die Höhe Ihres Hauses falsch; Sie laufen dann Gefahr, daß die Baupolizei oder die Bauaufsichtsbehörde die Baustelle stillegt.
- Bei wenig wasserdurchlässigem Boden oder falls Sie am Hang bauen, kann sich »drückendes Wasser« ansammeln. Prüfen Sie mit Ihrem Architekten, ob eine zusätzliche Wasserableitung erforderlich ist, um Regen-, Stau- oder Hangwasser abzuführen.
- Sie ersparen sich später viel Ärger, wenn Sie die Ausführung der Drainage prüfen – das Gefälle muß mindestens 1,5% betragen. Die Unterkante des Drainrohrs darf nicht über der Oberkante der Kellersohle und nicht unter der Unterkante des Fundamentes liegen; im Zweifelsfall fragen Sie einen Fachmann.

Maurer- und Betonarbeiten
- Prüfen Sie bei allen Wänden, Türlaibungen, Ecken, Pfeilervorlagen, freistehenden Pfeilern und Schornsteinen die Senkrechte mit Wasserwaage und Latte.
- Prüfen Sie alle Maße durch Vergleichen mit den Werkplänen. Messen Sie die Wandstärke, Stockwerkshöhen, lichten Raumhöhen, Raumgrößen, Tür- und Fenstergrößen, Brüstungshöhen und Sturzhöhen. Denken Sie dabei daran, daß in den Werkplänen in der Regel Rohbaumaße angegeben werden, d. h. Sie müssen immer jeweils noch die Putzstärke bzw. Fußbodenkonstruktion mitrechnen.
- Beim Bau der Zwischenwände sollten Sie darauf achten, daß sie mit den Tragwänden verzahnt sind. Eine einwandfreie Verzahnung ist dann gegeben, wenn jede zweite Steinschicht der Zwischenwand in die Tragwand einbindet. Falls eine einwandfreie Verzahnung beispielsweise durch Verschiedenartigkeit des Mauerwerks nicht möglich ist, müssen andere Verbindungen geschaffen werden, z. B. durch Steckeisen. Schlechte Wandverbindungen ziehen Rissebildung und Putzschäden nach sich.
- Achten Sie darauf, daß innerhalb eines Stockwerks möglichst dasselbe Material für die Wände verwendet wird. Ungleiches Material reagiert auf Austrocknung, Tempertur- und Feuchtigkeitseinwirkung verschieden; dadurch können z. B. Risse entstehen.
- Bei Keller-Mauerwerk ist eine Isolierung gegen aufsteigende Feuchtigkeit unumgänglich. Das geschieht in der Regel durch Einlegen von in Wandstärke geschnittenen Bitumenpappenstreifen in die Lagerfugen des Mauerwerks.
- Bei geschütteten Kellerwänden (Ortbetonwänden) soll zwischen Fundament und Kellerwand keine Pappe eingelegt werden; es wird sonst eine zusätzliche Fuge zwischen Fundament und Kelleraußenwand geschaffen, die

Eindringen von Sickerwasser in die Kellerräume möglich machen würde. Eine Betonhohlkehle zwischen Fundamentüberstand und Kelleraußenwand schafft zusätzliche Sicherheit.
- Achten Sie bei der Lichtschachtmontage vor der Hinterfüllung darauf, daß keine unisolierten Stellen entstanden sind; hier dringt sonst Feuchtigkeit ins Mauerwerk.
- Prüfen Sie, ob Aussparungen für die Versorgungsleitungen in den Kelleraußenwänden vorgesehen sind. Sie vermeiden damit spätere Stemmarbeiten.
- Rohrdurchführungen der Außenwände müssen zuverlässig abgedichtet werden.
- Falls die Kelleraußenwände aus Schalungsbeton hergestellt werden, achten Sie darauf, daß es keine undichten Stellen bei den Schalungsabstandhaltern und den Spanndrahtverbindungen gibt. Falls in der fertigen Beton-Außenwand hölzerne Abstandhalter oder rostende Drahtenden sichtbar sind, müssen diese unbedingt vor dem Isolieranstrich entfernt werden.
- Achten Sie darauf, daß bei allen Betonbauteilen aus Sichtbeton einwandfreie, glatte und saubere Schalung verwendet wird.
- Nach der Fertigstellung der Kellerdecke sollten Sie noch einmal die Höhe überprüfen.
- Achten Sie bei der Ausführung gemauerter Fensterbrüstungen darauf, daß das Brüstungsmauerwerk in einem Arbeitsgang mit der Außenmauer angelegt wird; andernfalls besteht die Gefahr, daß sich Risse bilden.
- Bauteile aus Holz, die ins Mauerwerk einbinden, müssen zum Schutz gegen Feuchtigkeit gegebenenfalls ummauert oder vor dem Einbau mit Bitumenpappe umwickelt werden.
- Bei Frost darf im Freien kein Mauerwerk erstellt werden; ebenso dürfen auch keine gefrorenen Baustoffe verwendet werden.

Zimmerer- und Holzbauarbeiten
- Die gelieferten Holzstärken müssen mit den Angaben in den Detailplänen übereinstimmen; messen Sie sie nach.
- Bauholz für Zimmererarbeiten muß bestimmten Gütebedingungen entsprechen; bitten Sie Ihren Bauleiter um eine Materialprüfung.
- Holzschutzmittel z. B. gegen Holzpilz oder Schädlingsbefall kann durch Regen ausgewaschen werden. Falls Sie nach einem Regenguß auf dem frisch aufgestellten Dachstuhl auf der Stockwerksdecke rote bis gelbe Wasserlachen entdecken, lassen Sie das Holz nachbehandeln.
- Überprüfen Sie anhand der Detailpläne, ob überall die erforderlichen Maueranker angebracht sind.
- Achten Sie darauf, daß alle Metallteile, die nicht eingemauert bzw. einbetoniert werden, gegen Korrosion geschützt sind.
- Auf gar keinen Fall dürfen in Brandmauern Holzteile wie Dachpfetten bzw. Balkenköpfe, Dachlatten usw. eingebunden werden; sollte das unumgänglich sein, so sind die Pfetten oder Balkenköpfe durch Metallteile zu ersetzen.
- Der Dachstuhl sollte immer ausreichend durchlüftet sein; die eingeplanten Luftschlitze, z. B. beim Dachüberstand oder Lüftungsgitter in Mauerwerkscheiben, müssen vollständig und im geplanten Querschnitt vorhanden sein.
- Achten Sie darauf, daß Abstandsschalungen an Ortgang und Traufe mit korrosionsgeschütztem Fliegendraht oder Kunststoff-Fliegendraht hinterlegt werden, damit Ungeziefer vom Dachraum ferngehalten wird.
- Schalungen im Dachbereich werden in der Regel mit Nägeln befestigt; achten Sie darauf, daß verzinkte Nägel verwendet werden.
- Beachten Sie, daß bei der Befestigung von Brettern, Schalungen und Latten die Nägel mindestens 2½ mal so lang wie die Stärke der zu befestigenden Bretter sind.
- Die Dachschalungen aus Holz müssen Sie sich besonders

Dachdeckerarbeiten

genau anschauen – sie dürfen keine Durchfalläste von mehr als 2 cm Durchmesser haben und müssen auf jedem Auflager durch mindestens 2 Nägel befestigt sein.
- Dachschalungen aus Holzspanplatten müssen folgendermaßen befestigt sein – mindestens 6 Drahtnägel pro Quadratmeter, im Bereich von Flachdächern mindestens 12 Drahtnägel pro Quadratmeter.
- Fuß- oder Scheuerleisten sind an den Ecken auf Gehrung zu schneiden und im Abstand von mindestens 60 cm dauerhaft zu befestigen; die Befestigung kann durch Nagelung, Dübel und Messingschrauben im Mauerwerk erfolgen.
- Bei der Montage von Gipskarton – oder Gipsfaserplatten an Decken und Wänden sollten nur nichtrostende Befestigungsmittel verwendet werden.
- Wenn Sie eine Holztreppe wünschen, überprüfen Sie, ob sie beim Begehen nicht knarrt – möglichst noch vor Aufbringen von Deckleisten; eine Sanierung ist jetzt einfacher als nach Bezug des Hauses.
- Achten Sie besonders darauf, daß die Trittstufen während der Bauzeit geschützt werden.
- Der Dachstuhl sollte vor der Dachdeckung auf geeignete Befestigungsmöglichkeiten für Dachständer, z. B. Antennenrohre oder Elektro-Hausanschlüsse überprüft werden;

Foto: Deutsche Poroton, Königswinter

lassen Sie den Zimmermann vor der Dachdeckung zusätzliche Konstruktionshölzer anbringen.

Dachdeckerarbeiten bei Dachdeckung mit Dachplatten (z. B. Dachziegeln oder Beton-Dachpfannen).
- Daß die Ziegel erster Wahl sind, ist unbedingt erforderlich.
- Alle Befestigungsmittel, Schneefanggitter, Dachhaken, Sturmhaken, Nägel usw. sollen korrosionsgeschützt sein.
- Alle im Vertrag vorgesehenen Sturmsicherungen müssen angebracht werden.
- Besonders flach geneigte Dächer werden mit Falzziegeln oder Reformplatten gedeckt, die durch geeignete Verklammerungen oder Verdrahtungen zu sichern sind; eine gute Lösung ist die Eindeckung mit TECU®-Kupfer-Profilbahnen.
- Unterspannbahnen, d. h. zusätzliche Dichtungsbahnen zwischen Dachziegel und Dachsparren, müssen zwischen den Sparren leicht durchhängen; sie sollten z. B. mit mindestens 2 Dachpappstiften pro Sparren befestigt sein. Die letzte Unterspannbahn muß ca. 15 cm unterhalb

Spengler- und Klempnerarbeiten

des Firstes enden, damit die gesamte Dachfläche durchlüften kann.
- Falls Sie planen, das Dachgeschoß auszubauen, müssen Sie darauf achten, daß die Unterbahnen zum Dachrand hin fugenlos verklebt oder verschweißt sind und in die Dachrinne entwässert werden.
- Dachkanten sind besonders sturmanfällig; sie müssen sorgfältig verklammert und verdrahtet sein.
- Firste und Grate werden durch First- und Gratziegel in Mörtel gedeckt oder durch Klammern oder Draht befestigt.
- Lüftungsziegel an First und Traufe sollten im Abstand von ca. einem Meter vorhanden sein.
- Bei der Verwendung von »Trockenfirsten«, wobei die Firstziegel mit Blei oder Kunststoff beschichtet sind und kein Mörtel bei der Verlegung verwendet wird, muß genau nach Herstellungsvorschrift verfahren werden; die Unterlagen stellt der Dachdecker oder der Hersteller zur Verfügung.
- Heben Sie für eventuell später nötige Reparaturen 10–15 Dachplatten auf.

Arbeiten bei Dachdeckungen mit bituminösen Dachbahnen für Flachdächer oder flach geneigte Satteldächer
- Die Dachbahnen müssen in das heiß gegossene Bitumen eingewalzt werden oder man verwendet Schweißbahnen – dann ist kein zusätzliches Bitumen nötig. Die Folgeschäden von undichter Dacheindeckung sind enorm; deshalb ist es empfehlenswert, das gesamte Gieß- und Einwalzverfahren ganztägig zu beaufsichtigen.
- Beim Kleben dürfen sich keine Lufteinschlüsse bilden; beim Einwalzen muß genügend viel Klebemasse verwendet werden, und die Walze muß ständig angedrückt sein.
- Keinesfalls darf auf nassen Unterlagen geklebt werden.
- Die Enden (»Stöße«) der einzelnen Dachbahnen müssen sich mindestens 20 cm weit überdecken; seitliche Überdeckung – mindestens 10 cm.
- Bei flach geneigten Satteldächern muß die Bahn gegen Abrutschen dauerhaft gesichert sein; wenden Sie sich im Einzelfall an einen Fachmann.
- Nach längeren Arbeitsunterbrechungen prüfen Sie genau, ob irgendwelche Schäden sichtbar sind, wie z. B. durchgetretene Isolierungen, Blasen durch Lufteinschlüsse, aufgegangene Nähte und Stöße durch schlechte Verklebung.
- Alle Dacheinläufe müssen während der Klebearbeiten gut geschützt sein; verstopfte Dachgullys können zu schweren Schäden führen.
- Falls Dachflächen mit Erdreich bedeckt werden, muß die oberste Deckschicht ein wurzelfester Anstrich oder ein wurzelfestes Vlies sein. Prüfen Sie, ob tatsächlich solches Material verwendet wird, und lassen Sie sich ein Prüfungszeugnis vorlegen.
- Falls als Schutzschicht gegen UV-Strahlen das Dach eine Kiesauflage bekommt, muß diese mindestens 5 cm stark sein, sonst geht die Bitumenisolierung zu schnell kaputt.

Spengler-, Klempnerarbeiten
- Prüfen Sie, ob nur korrosionsgeschütztes Material verwendet wird (z. B. muß Eisenblech entweder verzinkt oder verkupfert sein); es sollten bei der Verwendung von Kupfertafeln und -bändern nur fortlaufend gekennzeichnete Produkte eingesetzt werden. Damit ist die Gewähr für einen hohen Material-Qualitätsstand gegeben.
- Wenn verschiedenartige Metalle einander berühren, kommt es zu Kontaktkorrosionen, die auf längere Sicht zur Zersetzung führen. Das kann z. B. auch dann passieren, wenn Zinkblech mit Stahlnägeln befestigt wird. Nichtmetallische Materialien wie Mörtel, Beton und Holz dürfen ebenfalls mit den Blechen nicht in direkte Berührung kommen.
- Im Bereich des Daches ist es besonders wichtig, daß nur gleiches Material für die Blecharbeiten verwendet wird, da in diesem Bereich beispielsweise

durch Regenwasser der korrosionsfördernde Kontakt zwischen den verschiedenen Blecharten herbeigeführt werden kann.
- Bei Mauerflächen, die über die Dachfläche hinausgeführt werden, z. B. Kaminen, Aufzugsaufbauten u. a., müssen Sie Eindichtungen der Wandanschlüsse mindestens 15 cm hochgezogen werden und mit Überhangstreifen oder mit Kappleisten und Profilschienen versehen sein; Überhangstreifen müssen in einen Mauerschlitz eingelegt und gegebenenfalls dauerelastisch abgedichtet werden.
- Bei Wand- und Mauerabdeckungen, z. B. auf Gartenmauern, über Dach geführten Brandwänden u. a., müssen korrosionsgeschützte Schrauben zur Befestigung verwendet werden; außerdem sollen alle 8 – 12 m Schiebenähte angebracht sein, die die durch Wärmedehnung entstehenden Längsbewegungen aufnehmen können.
- Die Dachrinnen sollen überall ein gleichmäßiges Gefälle haben; die dem Baukörper zugewandte Rinnenkante muß mindestens 1 cm höher liegen als die Außenkante, damit bei verstopften Rinnen oder bei übermäßigem Wasseranfall durch starken Regen die Rinne nur auf der dem Gebäude abgewandten Seite überlaufen kann.
- Das Traufblech muß durch einen Falz in die Rinne eingehängt sein. Es sollte außerdem mindestens 15 cm auf das Traufbrett der Dachfläche hinaufgehen.

Heizung und Heizungsinstallation
- Informieren Sie sich über die örtlich jeweils verschiedenen Vorschriften der Feuerungsverordnung und prüfen Sie die Ausführung der Arbeiten nach diesen Informationen.
- Der Heizungskessel muß auf einem schwimmend verlegten Sockel installiert werden.
- Achten Sie darauf, daß Vorkehrungen für eine optimale Regelung der Heizanlage durch Einbau von Innen- und Außensteueranlagen (Thermostate) getroffen werden.
- Wand- und Bodenschlitze sowie Deckendurchbrüche müssen vor der Rohrverlegung als »bauseitige Leistungen« erbracht sein.
- Achten Sie darauf, daß alle Rohrschellen und Befestigungsteile mit Schalldämmeinlagen bzw. mit Gleitstreifen versehen sind, damit Wärmebewegungen aufgefangen werden können.

Foto: EWFE Heizsysteme, Bremen

Sanitärinstallation

- Prüfen Sie anhand der Detailpläne, ob alle vorgesehenen Dehnungsschleifen und Kompensatoren sowie die Rohrfestpunkte an den vorgesehenen Stellen eingetragen sind.
- Achten Sie darauf, daß bei den Rohrverlegungen auch tatsächlich überall nach der Heizungsanlagenverordnung isoliert wird. Bei zu geringem Wand- und Bodenabstand oder in Schächten, Schlitzen und Durchbrüchen wird häufig die Isolierung aus Platzmangel nicht fachgerecht durchgeführt, was zu Wärmeverlusten führt. Dies wiederum kann zu Temperaturschwankungen innerhalb der Bauteile führen, die dann Risse oder andere Bauschäden verursachen; die platzsparendste Lösung bieten werkseitig mit Polyurethanschaum wärmegedämmte Kupferrohre, die WICU®-extra-Rohre. Sie lassen sich bei Einhaltung der Dämmvorschriften noch fachgerecht in Mauerschlitzen und Decken verlegen.
- Alle in Wandschlitzen verlegten Rohre müssen einzeln isoliert sein.
- Der Auftragnehmer muß vor dem Verputzen der Rohrleitungsschlitze und Deckendurchbrüche eine Dichtheitsprüfung durchführen; lassen Sie sich eine schriftliche Prüfbescheinigung aushändigen.
- Verlangen Sie, daß die Funktionsprüfung in Ihrer Anwesenheit durchgeführt wird, und fragen Sie überall, wo Ihnen irgendetwas unklar erscheint. Der Auftragnehmer ist verpflichtet, Ihnen folgende Unterlagen spätestens bei der Abnahme zu übergeben:
  - Bedienungs- und Wartungsanweisung für den sicheren und wirtschaftlichen Betrieb der Anlage.
  - Kopien amtlicher Prüfbescheinigungen über alle eingebauten Teile.
  - Meßprotokolle über die bei Einregulierung der Heizung ausgeführten Messungen.
  - Schematische Darstellungen und Beschreibungen der Anlage sowie Schaltschemen.
- Achten Sie darauf, daß Sie die behördlichen Abnahmen von Heizungs- und Brauchwasseranlagen früh beantragen.
- Prüfen Sie nach, ob die Betriebsstoffe zur Inbetriebnahme der Anlage vorhanden sind.
- Eine korrekte Beschilderung aller Teile der Anlage ist für Sie später von großem Nutzen.
- Überprüfen Sie, ob der Feuerlöscher vor der Heizraumtür angebracht ist.

Sanitärinstallation

- Vergewissern Sie sich bei dem ersten Baustellentermin mit dem Installateur vor Arbeitsbeginn, ob die »bauseits« zu erbringenden Leistungen tatsächlich auch erbracht sind – dazu gehören die Schlitze, Durchbrüche usw., wie sie auf den Installationsplänen eingezeichnet sind. Überprüfen Sie, ob die angelieferten Materialien den ausgeschriebenen Bedingungen entsprechen.
- Die Auswahl des Rohrwerkstoffes hat mit besonderer Sorgfalt zu erfolgen. Bei Kupferrohren ist darauf zu achten, daß korrosionsgeschützte Qualitäten, wie z. B. SANCO®- und WICU®- Rohre, verwendet werden.
- Achten sie darauf, daß die erforderlichen Mindestabstände der Einrichtungsgegenstände vor allem in Bädern und Küchen eingehalten werden. Führen Sie diese Prüfung mit Ihrem Bauleiter durch, wenn alle Rohrleitungen installiert sind.
- Denken Sie möglichst früh daran, daß Sie behördliche Abnahmen und Genehmigungen beantragen müssen.
- Achten sie darauf, daß die Kanal- und Wasserleitungen auch tatsächlich frosttief, d. h. ca. 1,20 m unter dem fertigen Gelände verlegt werden.
- Prüfen Sie, wie bei der Heizungsinstallation, die Anlage der Dehnungsschleifen, Rohrkompensatoren, Schwingungsdämpfer und die erforderlichen Rohrleitungsfestpunkte.
- Achten Sie darauf, daß vor allem Leitungskreuzungen mit Elektroleitungen durch entsprechende Schutzmaßnahmen gesichert sind.

Sanitärinstallation

- Achten Sie – wie bei der Heizungsanlage – darauf, daß die Rohre der Warmwasserleitung vorschriftsmäßig nach der Heizungsanlagenverordnung isoliert sind. Bezüglich der Unterbringung in Wandschlitzen und Decken gilt das, was bei den Heizungsrohren gesagt wurde, daß die platzsparendste Lösung durch Spezialrohre geboten wird.
- Rohrleitungen sollten nicht unmittelbar mit anderen Bauteilen wie Mauerwerk, Beton, Metall in Verbindung kommen, um die Körperschallisolierung in das Gebäude und eventuell äußere Korrosionsangriffe zu vermeiden. Rohre sind daher elastisch zu ummanteln. Kupferrohre werden mit aus diesem Grunde auch werkseitig mit einem PVC-Stegmantel umhüllt.
- Wasserzähler und eventuell einzubauende Revisionsöffnungen müssen jederzeit gut zugänglich sein.
- Die Revisionsschächte von Kanalleitungen müssen geruchsdicht verschlossen werden können.
- Lassen Sie sich von Ihrem Auftragnehmer die vollständigen Bedienungs- und Wartungsanleitungen aushändigen; achten Sie darauf, daß die Anlage überall gut beschildert ist.
- Vor der Verfliesung vergewissern Sie sich, ob die Installationen tatsächlich vollständig durchgeführt wurden; prüfen Sie bei dieser Gelegenheit, ob die Anschlüsse nach Lage und Höhe tatsächlich mit den Plänen übereinstimmen.
- Ordnen Sie vor den Isolierarbeiten und dem Verschließen der Schlitz- und Durchbrüche eine Druckprüfung der Leitungen an.
- Die Hauptabsperrung für die Wasserversorgung des Hauses wird meistens im Gelände hinter der Grundstücksgrenze eingebaut. Sichern Sie diese Absperrung, damit Sie nach Ausführung aller notwendig gewordenen Planierarbeiten wieder gefunden wird.
- Überprüfen Sie, ob der Wasserzähler jederzeit ohne größere Reparturarbeiten ausgewechselt werden kann.
- Achten Sie darauf, daß zur Spannungsüberbrückung des Wasserzählers eine Erdungsbrücke eingebaut wurde.
- Alle Stegleitungen sollten mit Entleerungen an den Tiefpunkten und Entlüftungen an den Hochpunkten versehen sein.
- Bei horizontal übereinander verlegten Leitungen müssen die Kaltwasserleitungen immer unter den Warmwasserleitungen liegen, damit sich das Trinkwasser nicht erwärmt.

Foto: Hansa, Stuttgart

Elektroinstallation

- Wasserleitungen nach außen müssen innerhalb des Hauses einzeln absperrbar und entleerbar sein.
- Alle Installationsgegenstände sowie das gesamte Rohrleitungsnetz müssen unbedingt ausreichend geerdet sein.
- Bevor die Trinkwasserleitungen in Betrieb genommen werden, muß das gesamte Rohrnetz zur Entfernung von Fremdkörpern durchgespült werden; wichtig ist, daß bereits vor Erstbefüllung der Anlage, also bereits vor der ersten Druckprobe, hinter der Wasseruhr ein Feinfilter eingebaut wird.

Elektroinstallationen

- Achten Sie auch hier zunächst beim Baustellentermin mit dem Elektriker darauf, daß alle Durchbrüche, Aussparungen und Leerrohre an den Stellen vorhanden sind, wo sie für die Elektroinstallation gebraucht werden. Haben Sie ein Auge auf das Material – lassen Sie nicht zu, daß benutzte Teile eingebaut werden.
- Unterputzleitungen dürfen nur senkrecht und waagerecht verlegt werden; auf diese Weise kann man später immer rekonstruieren, wo Elektroleitungen verlegt sind und wo die leitungsfreien Bereiche liegen.
- Zähler, Verteilerdosen, Hausanschlußkästen, Sicherungskästen sind an geeigneten und leicht zugänglichen Stellen anzubringen.
- Achten Sie darauf, daß alle Räume möglichst getrennt abgesichert werden können. Auf diese Weise erreichen Sie auch, daß in verschiedenen Räumen gleichzeitig relativ hohe Belastungen durch verschiedene Elektrogeräte möglich sind.
- Telefonleitungen gehören nicht mit Licht- und Kraftleitungen in dieselben Leerrohre.
- Die Antennenstandrohre sollten nicht am Schornstein befestigt werden.
- Lichtschalter und Steckdosen sollten alle in der richtigen Höhe angebracht sein, gehen Sie die Festlegung mit Ihrem Bauleiter durch.

Putzarbeiten

- Achten Sie darauf, daß nur verzinkte Metallputzträger verwendet werden. Diese Metallputzträger müssen sorgfältig durch nichtrostende Materialien befestigt werden, und zwar so, daß sie sich an den Stößen mindestens 5 cm überdecken oder stumpf aneinanderstoßen und mit geeignetem Drahtgewebe überdeckt werden.
- Sollten Sie Fertigputze oder Maschinenputze verwenden, so lassen Sie sich auf alle Fälle die Verarbeitungsvorschriften des Herstellers vorher aushändigen.
- Auf gefrorenem Grund darf nicht geputzt werden; außerdem lassen Sie die Putzarbeiten einstellen, wenn die folgenden Wetterverhältnisse herrschen – Regen, zu erwartende Nachtfröste, zu starke Sonneneinstrahlung und stark austrocknender Wind.
- Die Haftung der einzelnen Putzlagen wird verbessert, wenn die jeweils untere Putzlage gut aufgerauht ist und dem Wetter entsprechend vor der Weiterarbeit angefeuchtet wird.
- Achten Sie darauf, daß der Putz ohne Nester ausgeführt wird und daß er an den Kanten gradlinig oder stumpfkantig ist.
- Achten Sie darauf, daß an allen Ecken und Kanten Kantenschutzleisten angebracht werden. Sie vermeiden dadurch, daß Putzecken angestoßen werden.
- Außenputze müssen witterungsbeständig und wasserabweisend sein; Sockelputze und Außenputze unter der Oberfläche müssen wassersperrende Eigenschaften haben, damit keine Feuchtigkeit eindringen kann, die für den Putz gefährlich wäre.

Estricharbeiten

- Vor Verwendung der Dämmstoffe für schwimmende Estriche sollten Sie prüfen, ob diese Materialien struktur-, fäulnis- und ungezieferfest sowie alterungsbeständig sind; fordern Sie gegebenenfalls Nachweise und Prüfungszeugnisse des Herstellers an.

Fliesen- und Plattenarbeiten

- Leitungsrohre, die auf Rohbetondecken verlegt werden, müssen unterhab des Estrichs, z.B. in Dämmaterialien, die als Ausgleichsschicht wirken, verlegt werden.
- Bei metallgefährdenden Estrichen, wie z.B. Anhydrit-Estrichen, müssen Sie darauf achten, daß keine Metallteile, vor allem aber keine Rohre unmittelbar mit dem Estrich in Verbindung kommen; sofern dies unumgänglich sein sollte, müssen diese Metallteile besonders gut isoliert werden; ein besonders guter Schutz wird durch werkseitig isolierte Rohre erreicht.
- Dehnungsfugen am Baukörper müssen in den Estrich übernommen werden, und zwar an gleicher Stelle und Breite.
- Überprüfen Sie, ob die Estriche gleichmäßig und ebenflächig hergestellt wurden.
- Überprüfen Sie ebenfalls, ob überall die Estrichhöhe eingehalten wurde; zu diesem Zweck sollte es in jedem Raum einen »Meterriß« geben, eine waagerechte Bezugslinie für die Herstellung waagerechter Bodenbeläge; überprüfen Sie in diesem Zusammenhang auch gleich noch die Tür- und Raumhöhen.
- Die Türanschlagschienen sollten bei der Estrichherstellung gleich miteingebaut werden; ein nachträglicher Einbau erfordert zusätzliche Stemmarbeiten, also für Sie auch zusätzliche Kosten, und außerdem ist eine ausreichende Befestigung der Anschlagschiene nicht mehr mit Sicherheit zu gewährleisten.
- Nach Fertigstellung des Estrichs sollten Sie darauf achten, daß überall die überstehenden Randstreifen sauber und estrichbündig abgeschnitten worden sind.
- Sorgen Sie durch geeignete Terminplanung und durch andere Vorsichtsmaßnahmen dafür, daß während der Abbindezeit der Estrich sicher gegen Betreten geschützt ist.

Foto: Fingerhut Haus, Neunkhausen

Fliesen- und Plattenarbeiten
- Vergewissern Sie sich, daß das angelieferte Material der Ausschreibung entspricht.
- Fliesen und Platten, soweit sie im Freien verlegt werden, müssen frostbeständig sein. Ziehen Sie Ihren Architekten zu Rate.
- Vor der Verlegung von Wand- und Bodenfliesen sollten Sie noch einmal die Maßgenauigkeit und Rechtwinkeligkeit der betreffenden Räume überprüfen. Sofern die Räume nicht rechtwinkelig sind, entstehen bei der Verfliesung unschöne Keilfugen zwischen Boden und Wand.

Schreiner- und Tischlerarbeiten

- In allen Fällen, in denen das »Dünnbettverfahren« (Klebeverfahren) angewendet wird, sollten Sie vorher prüfen, ob die Putz- oder Estrichflächen auch ausreichend eben sind.
- Fliesen sollten erst nach dem Einbau von Fenstern, Türzargen, Anschlagschienen von Türen und Rohinstallationen verlegt werden.
- Dehnungs- und Anschlußfugen, z. B. bei Anschluß der Fliesenbeläge an Wannen, Holzfenstern, Türen, müssen immer dauerelastisch (z. B. mit Silikon) ausgefugt werden.
- Sorgen Sie dafür, daß frisch verfliesste Bodenbeläge ca. drei Tage nicht betreten werden.

Schreiner- und Tischlerarbeiten
- Es ist unbedingt erforderlich, daß Ihr Auftragnehmer vor Ausführung der Leistung und vor Anlieferung der Holzelemente zusammen mit Ihnen einen Baustellentermin wahrnimmt; die »örtlichen Gegebenheiten« stimmen eben doch fast nie genau mit den Plandaten überein. Stellen Sie zusammen mit dem Auftragnehmer fest, welche Arbeiten also bauseits noch auszuführen sind.
- Beachten Sie, daß beim Setzen von Fenstern und Türen in Außenwänden die Fugen zwischen Fensterrahmen, Türstock und dem Mauerwerk dicht und vollständig mit Isolierstoff ausgestopft werden.
- Angelieferte Fenster sollten bereits einen Grundieranstrich haben; das Fenster ist dann besser geschützt sowohl gegen Verschmutzungen als auch gegen Feuchtigkeit.
- Alle sichtbaren Flächen müssen glatt geschliffen oder gehobelt sein; Holzverbindungen sind genau anzupassen.
- Bei der Überprüfung der Fensterkonstruktionen sollten Sie auf alle Fälle Ihren Architekten und den Bauleiter hinzuziehen.
- Achten Sie darauf, daß bei Türschwellen ausschließlich Hartholz verwendet wird.
- Bei der Herstellung von Einbauschränken überprüfen Sie, ob alle Türen und Schubladen gut schließen und leicht gangbar sind; Laufflächen, Tragleisten, Führungsleisten sollten aus Hartholz oder Kunststoff oder bei Schiebetüren aus Metallprofil sein.
- Bei Stahltürzargen sollten Dichtungsschnüre eingebaut sein.
- Türen von innenliegenden Bädern und WCs müssen Zuluftschlitze haben.
- Überprüfen Sie bei der Abnahme, ob alle Fenster- und Türbeschläge fest angeschraubt sind.
- Lassen Sie sich auch sämtliche Schlüssel überreichen.

Verglasungsarbeiten
- Achten Sie darauf, daß das angelieferte Material tatsächlich der Ausschreibung entspricht.
- Bei naturlasierten Holzfenstern müssen Sie beachten, daß die Kittfalze vor dem Einglasen der Scheiben imprägniert wurden.
- Achten Sie darauf, daß alle Metallteile vor Einbau von Verglasungen vor Korrosion geschützt wurden.
- Isolierglas sollten Sie auf Verschmutzungen und Verunreinigungen zwischen den Scheiben untersuchen.
- Nehmen Sie die Glaserarbeiten erst nach Reinigung der Scheiben ab; Fehler und Kratzer in den Scheiben sind vor dem Reinigen nicht zu sehen.
- In Treppen- und Balkongeländern sowie bei Ganzglastüren müssen Sicherheitsgläser verwendet werden.

Metallbau- und Schlosserarbeiten
- Überprüfen Sie, ob alle Korrosionsschutzvorkehrungen getroffen wurden.
- Achten Sie darauf, daß Teile, die durch einfachen Rostschutzanstrich geschützt sind, baldmöglichst den vorgesehenen Endanstrich erhalten. Einfache Rostschutzanstriche bieten nur vorübergehenden Schutz.
- Biegungen und Kröpfungen von Metallteilen sollen frei von Rissen sein, außerdem dürfen keine unnötigen Querschnittsveränderungen auftreten; die Festigkeit der Bauteile wird durch solche Beschädigungen stark gemindert.

Malerarbeiten

- Löt-, Schweiß- und Klebeverbindungen müssen frei von Schlacken, Fluß- und Lösungsmitteln sein; wenn das nicht der Fall ist, können Farbanstriche nur sehr schwer haften.
- Achten Sie darauf, daß Einbauteile sauber entgratet werden.
- Dreh- und Kippfenster müssen unbedingt eine Fehlbedienungssperre haben.
- Lichtschachtroste und sonstige Gitter müssen gegen das Entfernen von außen gesichert werden.

Rolläden und Jalousien

- Die Isolierung zwischen dem Rollballenraum und dem Wohnraum muß ausreichend stark sein. Fragen Sie Ihren Architekten, ob die optimalen Wärmedämmungsmöglichkeiten verwirklicht wurden.
- Achten Sie besonders darauf, daß beim Einbau der Rolläden bereits angebrachte Isolierteile von den Monteuren nicht wieder entfernt werden. Hier entstehen sonst »Wärmebrücken«, was Sie an Ihren Heizkosten merken. Bei Rolläden aus Kunststoff sollen die Lamellen »formbeständig, alterungsbeständig, wasserundurchlässig, lichtbeständig und mindestens schwer entflammbar« sein; lassen Sie sich hierfür geeignete Prüfzeugnisse sowie amtliche Zulassungen vorlegen. Verfahren Sie genauso bei den Leiterkordeln und Stegbändern, die »lichtbeständig und in technisch erreichbarem Maße dehnungs- und schrumpfungsfrei« zu sein haben.
- Vergewissern Sie sich, daß der Rolladenpanzer herausgenommen werden kann, ohne daß eine Änderung am Mauerwerk vorgenommen werden muß. Das erleichtert und verbilligt spätere Reparaturen.
- Vergewissern Sie sich, daß nur korrosionsgeschützte Bauteile verwendet werden.
- Ein besonders häufig auftretender Mangel bei Rolläden und Jalousien – die Walzen wurden nicht waagerecht eingebaut.
- Achten Sie darauf, daß Rolltore und Rollgitter Einrichtungen aufweisen, die ein rasches, selbsttätiges Abrollen des Panzers verhindern.
- Eine elektrisch betriebene Anlage sollte in Notfällen von Hand betrieben werden können.

Anstrich- und Malerarbeiten

- Achten Sie darauf, daß alle Anstriche genau wie im Leistungsverzeichnis beschrieben ausgeführt werden.
- Kontrollieren Sie, daß Ihre Maler keinerlei Farbreste in Spülbecken, Ausgüsse, Waschbecken oder WCs schütten.

Foto: Interpane, Lauenförde

Bodenbelagsarbeiten

- Folgende Leistungen sind unentgeltlich, auch ohne Erwähnung im Leistungsverzeichnis, durchzuführen:
  - Abdeckungen und sonstige Maßnahmen zum Schutz von Fußböden, Treppen, Türen, Fensterbeschlägen vor Verunreinigung und Beschädigung durch die Anstricharbeiten einschließlich der erforderlichen Stoffe.
  - Aus- und Einhängen der Türen, Fenster für den Anstrich sowie ihre Kennzeichnung zur Verhütung von Verwechslungen.
  - Entfernen von Staubverschmutzungen und lose sitzenden Putz- und Betonteilen auf den zu behandelnden Untergründen.
  - Ausbesserung von Putz- und Untergrundschäden geringen Umfanges bei allen Anstricharbeiten.
  - Lüften der Räume, soweit und solange es für das Trocknen von Anstrichen erforderlich ist.
- Lassen Sie bei ungünstiger Witterung keine Anstriche im Freien durchführen.
- Anstriche auf verschmutzten Flächen halten nicht.
- Bei verrosteten Metallteilen muß nach gründlicher Entfernung der Rostschicht zunächst ein Korrosionsschutz-Grundanstrich aufgebracht werden.
- Holz muß allseitig gestrichen werden.
- Fenster und Außentüren aus Holz inklusive aller Glasfalze und zugehörigen Leisten werden in der Werkstatt des Herstellers mit einem allseitigen Grund- und ersten Zwischenanstrich versehen.
- Spachtelmassen dürfen erst aufgetragen werden, wenn bereits Grundanstriche ausgeführt sind.
- Außenfenster und Außentüren müssen allseitig den gleichen Farbaufbau haben.
- Glasflächen müssen sofort von Farbspritzern gereinigt werden.
- Beim Fluten bzw. Tauchen von Heizkörpern sollten Sie genau kontrollieren, ob alle Öffnungen, d. h. alle Heizkörperverschraubungen am Heizkörper, gut abgedichtet sind, so daß keine Farbe in das Innere des Heizkörpers gelangen kann; sollte das der Fall sein, so kann das zu Verstopfungen im gesamten Rohrsystem führen.

Bodenbelagsarbeiten
- Diese Arbeiten sollten nur auf einwandfreiem und sauberem Untergrund ausgeführt werden. Achten Sie auf folgende Punkte:
  - Der Untergrund muß frei von Rissen sein.
  - Es darf nicht auf zu feuchtem Untergrund geklebt werden.
  - Der Untergrund muß genügende Oberflächenfestigkeit haben.
  - Zu poröser und zu rauher Untergrund muß vorbehandelt werden.
  - Verunreinigungen der Untergrundoberfläche, z. B. Öle, Wachse, sind vor Belagsverlegung zu entfernen.
- Achten Sie darauf, daß die Bodenbelagsarbeiten erst dann beginnen, wenn möglichst viele andere Arbeiten abgeschlossen sind.
- Die Bahnen sollen in Richtung auf die Hauptfensterwand, in Fluren und Gängen jedoch in Längsrichtung verlegt werden; so ist gewährleistet, daß sich die Fugen der Beläge so wenig wie möglich abzeichnen.
- Prüfen Sie, ob Dehnungsfugen im Bereich der Fußböden durch den Belag nicht geschlossen werden; es würden sich hier im Laufe der Zeit Risse bilden, die einen Belag zerstören.
- Achten Sie darauf, daß die Sockel- und Deckleisten gut befestigt sind und an Belag und Wände gut verfugt werden.
- Vor Abnahme der Bodenbeläge lassen Sie sich vom Auftragnehmer eine schriftliche Pflegeanleitung für den Bodenbelag geben.

Wichtig: Besprechen Sie alle Beanstandungen aus Ihrer persönlichen Baukontrolle mit Ihrem Architekten oder Bauleiter und lassen Sie sich Ihre Feststellungen bestätigen! Protokollieren Sie jeden Vorgang und machen Sie Fotos.

7. Die Rechnungskontrolle

Der Auftragnehmer ist verpflichtet, die Leistungen »prüfbar abzurechnen«. Das bedeutet für ihn vor allem, daß er die Rechnungsposten in der vorgegebenen Reihenfolge aufführen muß und nur solche Bezeichnungen verwenden darf, die im Vertrag benutzt wurden. Auf diese Weise kann es keine Interpretationsspielräume geben. Stundenlöhne kann ein Unternehmer nur abrechnen, wenn das vorher ausdrücklich vereinbart wurde. Stundenlohnarbeiten sind Ihnen vor Beginn zu melden; unmittelbar nach ihrer Beendigung müssen sie abgerechnet werden. Für länger dauernde Stundenlohnarbeiten ist mindestens alle 4 Wochen Rechnung zu stellen.

Der Auftragnehmer kann keine Nachforderungen mehr stellen, wenn er nach der Schlußabrechnung Ihre auch entsprechend deklarierte Schlußzahlung vorbehaltlos annimmt, auch dann, wenn sich später herausstellt, daß die Schlußabrechnung zu seinen Ungunsten fehlerhaft war. Den Vorbehalt muß er innerhalb von 12 Werktagen nach Erhalt der Schlußabrechnung erklären. Wenn er dann aber nicht in 24 Werktagen eine prüfbare Rechnung über die vorbehaltene Forderung einreicht, oder – falls das nicht möglich ist – den Vorbehalt »eingehend begründet«, wird dieser hinfällig.

Beachten Sie bei der **Rechnungskontrolle:**
- Gehen Sie jede einzelne Rechnungsposition anhand Ihres Bautagebuchs genau durch.
- Nach eigener, gründlicher Überprüfung sprechen Sie die Rechnung auch mit Ihrem Bauleiter Punkt für Punkt durch.
- Bezahlen Sie keine Rechnung, bevor Sie von Ihrem Bauleiter oder Architekten abgezeichnet wurde. Leisten Sie auch Abschlagszahlungen nur nach Bestätigung durch Ihren Bauleiter.
- Legen Sie eine Finanz-Kontrolliste an; unterscheiden Sie in dieser Liste nach Kostenart, Firma, Rechnungssumme bzw. geforderter Abschlagszahlung. Notieren Sie das Rechnungsdatum, das eventuell erzielte Skonto, den Betrag, den Sie bereits bezahlt haben, sowie das Zahlungsdatum und schließlich noch den Fälligkeitstermin. Eine Aufstellung nach Kostenarten erlaubt Ihnen unter Hinzuziehung der Gewerkelisten genau zu überschauen, wo Kosteneinsparungen oder Kostenüberschreitungen vorgekommen sind.

Foto: Buderus, Wetzlar

Kleine Mängel gibt es immer

So können Sie Schwierigkeiten ausräumen

Es gibt kein Haus, an dem nicht während der Bauzeit oder nach der Fertigstellung Mängel auftreten, die durch Unachtsamkeit oder sonstiges Verschulden der Handwerker im Zuge der Bauabwicklung entstanden sind. Nichts gegen die Handwerker. Sie führen ihre Arbeit in der Regel preiswürdig, sorgfältig und ordnungsgemäß aus, trotzdem kann es zu Mängeln kommen, die beseitigt werden müssen.

1. Die Bauabnahme

Die letzte, umfassende Gelegenheit zur genauen Überprüfung aller Leistungen am Bau ist die Bauabnahme. Zu unterscheiden ist zwischen der Abnahme durch Sie, den Bauherrn, und der »Gebrauchsabnahme« oder Schlußabnahme durch die zuständige Baubehörde.

Die **Gebrauchsabnahme** durch die Baubehörde muß vorher beantragt werden; sie bezieht sich lediglich darauf, ob die baugenehmigungsrechtlichen Auflagen erfüllt wurden. Wenn das der Fall ist, gibt die Baubehörde das Haus zum Bezug frei.

Für Sie als Bauherr jedoch ist die **Abnahme** des Bauwerks bzw. von Teilen des Bauwerks eine Vertragspflicht und gleichzeitig die letzte umfassende Gelegenheit zur genauen Überprüfung aller Leistungen am Bau. Deshalb ist es auch so wichtig, bestimmte, in sich abgeschlossene Gewerke gesondert abzunehmen, dann nämlich, wenn ihre ordnungsgemäße Ausführung am Haus nicht mehr überprüfbar ist, weil sie verbaut wurden.

Geregelt wird die Abnahme durch § 640 BGB und § 12 VOB Teil B. Die Unterschiede sind nicht besonders groß, zumal bei einem Werkvertrag nach BGB zusätzlich vereinbart wird, daß eine Abnahme nur bei Vorliegen erheblicher Mängel abgelehnt werden darf.

Erhebliche oder **wesentliche Mängel** liegen vor bei:
- Fehlen zugesicherter Eigenschaften.
- Abweichen der Bauleistungen von den anerkannten Regeln der Baukunst.
- Erheblichen Fehlern des Bauwerkes, die den gewöhnlichen oder den im Vertrag vorausgesetzten Gebrauch aufheben oder erhebliche Beeinträchtigungen desselben bedeuten oder Nachbesserungsarbeiten notwendig machen.

Die **förmliche Abnahme** muß nach § 12 Ziff. 1 VOB Teil B binnen 12 Werktagen nach Benachrichtigung durch den Auftragnehmer vom Auftraggeber durchgeführt werden. Falls Sie diese Frist nicht einhalten können, sollten Sie dem Auftragnehmer umgehend schriftlich Ihre diesbezüglichen Wünsche mitteilen. Falls weder Sie noch der Auftragnehmer eine Abnahme verlangen, so gilt die Leistung als abgenommen mit **Ablauf von 12 Werktagen** nach schriftlicher Mitteilung über die Fertigstellung der Leistung (§ 12 Ziff. 5 Abs. 1 VOB Teil B). Im einzelnen hat die Abnahme folgende

Gewährleistung

Wirkungen:
- Die für die Leistung vereinbarte Vergütung wird fällig; außerdem gehen alle Kosten, Nutzen und Lasten des Grundstücks auf Sie über.
- Sie haben bis zur Abnahme gegen den Auftragnehmer einen »Erfüllungsanspruch«, d. h. Sie haben Anspruch darauf, daß die vertraglich vorgesehenen Leistungen tatsächlich auch erbracht werden und können gegebenenfalls eine Neuherstellung verlangen. Dieser Anspruch verwandelt sich mit der Abnahme in einen Anspruch auf Nachbesserung, dabei bleiben selbstverständlich Ihre Gewährleistungsansprüche unberührt.
- Bis zur Abnahme muß der Auftragnehmer beweisen, daß die von ihm erbrachten Leistungen ordnungsgemäß sind. Für Mängel, die erst nach der Abnahme auftreten und die nicht im Abnahmeprotokoll vermerkt wurden, müssen Sie die Ursachen nachweisen.
- Mit der Abnahme geht auch das »Risiko des zufälligen Untergangs und der Verschlechterung« auf Sie über.
- Die Gewährleistungsfrist beginnt mit der Abnahme.
- Falls Sie Ihnen bekannte Mängel des Hauses bzw. des Gewerks nicht im Abnahmeprotokoll festhalten, verlieren Sie Ihre Gewährleistungsansprüche.
- Sofern Sie sich Vertragsstrafen nicht im Abnahmeprotokoll vorbehalten, können Sie sie nicht mehr geltend machen.

Bei der **Durchführung der Abnahme** sollten Sie folgende Punkte beherzigen:
- Lassen Sie sich von einem Bausachverständigen begleiten; er kann Mängel eher feststellen und erkennen als Sie. Außerdem weiß er, wie die Beweissicherung jeweils zu bewerkstelligen ist. Lassen Sie sich von der örtlichen Industrie- und Handelskammer einen geeigneten Sachverständigen nennen.
- Falls Sie auf einen Sachverständigen verzichten wollen, gehen Sie dennoch nicht allein zum Abnahmetermin, sondern nehmen Sie einen guten Freund mit.
- Alle festgestellten Mängel müssen im Abnahmeprotokoll vermerkt sein, also auch die, die der Auftragnehmer nicht anerkennt.
- Abnahmeprotokolle werden in der Regel durch einen Vertreter des Auftragnehmers erstellt. Verweigern Sie Ihre Unterschrift, wenn Ihnen ein ungenaues oder unvollständiges Abnahmeprotokoll vorgelegt wird.
- Halten Sie im Abnahmeprotokoll gegebenenfalls auch fest, daß Sie sich den Anspruch auf Vertragsstrafe für einen nicht eingehaltenen Fertigstellungstermin vorbehalten.

2. VOB und BGB regeln die Gewährleistung

Grundsätzlich sollten die **Verjährungsfristen** so umfangreich wie irgend möglich vertraglich festgelegt sein. Sowohl BGB als auch VOB geben nur Mindestfristen an.
- Nach § 638 BGB gelten für Arbeiten am Grundstück **1 Jahr** und für Arbeiten am Gebäude **5 Jahre,** jeweils beginnend mit der Abnahme.
- Nach § 13 Ziff. 4 VOB Teil B gelten für Arbeiten am Grundstück sowie für Teile von Feuerungsanlagen, die direkt mit dem Feuer in Berührung kommen, **1 Jahr** und für Bauwerke und Holzerkrankungen **2 Jahre.**

Verjährungsbeginn ist auch hier der jeweilige Abnahmetermin. Es gelten jedoch die gesetzlichen Fristen, soweit sich der Auftraggeber gegen Schadensersatzfälle versichert hat oder sich hätte versichern können (§ 13 Ziff. 7 Abs. 3 VOB, Teil B).

Im übrigen kann die Verjährung »unterbrochen« oder »gehemmt« werden (§ 639 BGB). Während der Zeit etwa, in der der Auftragnehmer Ihre Mängelbeanstandungen prüft oder in der er die Mängel beseitigt, ist die Verjährung so lange gehemmt, bis der Auftragnehmer zu einem Ergebnis kommt, das er Ihnen schriftlich mitzuteilen hat.

Herstelleradressen

AG Ziegeldach
Schaumburg-Lippe-Straße 4
53113 Bonn

Allianz
Lebensversicherungs-AG
Postfach
70151 Stuttgart

Allianz Versicherungs-
Aktiengesellschaft
Königinstraße 28
80802 München

Bien-Zenker-Haus AG
Werk I
Am Distelrasen 2
36381 Schlüchtern

Oskar D. Biffar GmbH & Co. KG
In den Seewiesen
67480 Edenkoben

Buderus Heiztechnik GmbH
Abt. MW 1
Postfach 12 20
35522 Wetzlar

Danfoss GmbH
Postfach 1261
63130 Heusenstamm

DAVINCI Haus GmbH
Talstraße 1
Postfach 100
57580 Elben/Ww.

Deutsche POROTON GmbH
Cäsariusstraße 83 a
53639 Königswinter

EWFE Heizsysteme
Haferwende 23
28357 Bremen

Fingerhut Haus
Hauptstraße 46
57520 Neunkhausen

Friedrich Grohe AG
Postfach 1361
58653 Hemer

Hansa Metallwerke AG
Sigmaringer Straße 107
70567 Stuttgart

Hanse Haus GmbH & Co.
Ludwig-Weber-Straße 18
97789 Oberleichtersbach

Hansgrohe, Pharo
Postfach 1145
77757 Schiltach

Hebel Bauinformation
Postfach 13 53
82243 Fürstenfeldbruck

Hebel Haus GmbH & Co.
Brentanostraße 2a
63755 Alzenau

Industriegruppe Gipsplatten
Postfach 10 23 31
69021 Heidelberg

Informationsbüro Dachstein
Stiftstraße 8–10
60313 Frankfurt/M.

Interpane
Sohnreystraße 21
37697 Lauenförde

IWO
Institut für wirtschaftliche
Oelheizung e.V.
Suderstraße 73a
20097 Hamburg

KEWO
Trierer Straße 1–7
53937 Schleiden-Oberhausen

Klafs Saunabau GmbH & Co.
Erich-Klafs-Straße 1–3
74523 Schwäbisch-Hall

Landesinnungsverband des
bayerischen Elektrohandwerks
Schillerstraße 38
80336 München

Osram
Hellabrunner Straße 1
81536 München

SchwörerHaus KG
Hans-Schwörer-Straße 8
72531 Hohenstein-Oberstetten

Sunshine Wintergarten
GmbH
Boschstraße 1
26721 Emden

Veka AG
Dieselstraße 8
48324 Sendenhorst

Viessmann Werke GmbH & Co.
Postfach 10
35107 Allendorf/Eder